Eduard Birrer SJ

Der Weg des Lebens

Sie werden auf den schauen,
den sie durchbohrt haben

Kanisius Verlag

ISBN 3 85764 452 4

Auslieferung:
Kanisius Verlag, Postfach 1052, CH-1701 Freiburg
Kanisiuswerk, Blarerstr. 18, D-78462 Konstanz

Druck:
Kanisiusdruckerei, Freiburg Schweiz

Inhalt

VORWORT

Eine der wichtigsten Fragen, die Schüler an uns Religionslehrer stellen, ist die Frage nach dem Sinn und dem Ziel des Lebens. Um ihnen Antwort geben zu können, müssen wir uns selbst mit dieser Frage befassen und dabei auch versuchen, den Sinn und das Ziel der Evolution des Lebens zu verstehen. Aus solchem Bemühen entstanden die folgenden Überlegungen, die auf einen bis jetzt zu wenig durchdachten Tatbestand aufmerksam machen.

Wir beobachten, dass das Leben zu immer reicheren Formen aufsteigt, und fragen, was diesen Aufstieg verursacht. Wir finden, dass in den Lebewesen ein Bestreben nach einer bleibenden Einheit wirksam ist. Dank diesem Bestreben entstehen immer neue und bessere Beziehungsnetze, die dann die Materie derart beeinflussen, dass in ihr Leben entsteht.

Dieses Bestreben und die Beziehungsnetze sind nicht Ergebnisse der Anordnung der Materie, sondern sie sind deren Ursache. Und da sie Ursachen sind, sind sie von der Materie verschiedene, diese aber aktivierende Wesenheiten. Woher kommen sie? Wer verursacht ihr Sein und Wirken? Wir finden, ihre letzte Ursache ist die Person Jesus Christus.

Die wissenschaftlichen Beobachtungen schenken uns ein Wissen, das Hinhören auf Christus führt uns zum Glauben. Es zeigt sich dann, dass die Erkenntnisse der Naturwissenschaften, um die wir wissen, und die Lehre Christi, die wir glaubend annehmen, einander ergänzen und eine harmonische Einheit bilden.

Wir denken, dass wir mit diesen Überlegungen einen gültigen Diskussionsbeitrag zum Verständnis der Evolution geben, der sowohl für Theologen wie für Wissenschaftler interessant ist.

FRAGEN, DIE GESTELLT WERDEN

In den vielen Jahren, in denen ich Religionsunterricht gab, fand ich immer wieder Schüler, die durch die Lehre der Evolution in ihrem Glauben verunsichert worden sind. Diese Verunsicherung hatte ihren Grund nicht in der Verschiedenheit des Weltbildes der Erzählung des Sechstagewerkes und der Lehre der Evolution. Diese Spannung ist leicht zu beheben, denn auch Schüler können zwischen dem Inhalt und der literarischen Form einer Aussage unterscheiden und die Evolution als die konkrete Art und Weise der Schöpfung begreifen. Die religiöse Verunsicherung der Jugend hat einen tieferen Grund. Die Lehre der Evolution, die zweifellos zum gesicherten Wissen der heutigen Zeit gehört, wird oft so gelehrt, dass die Jugendlichen, die fragen: «Woher kommen wir?», nicht zu Gott, sondern nur in die Vergangenheit der Lebensformen geführt werden. Eine zu enge, sich absolutistisch gebärdende materialistische Evolutionslehre verschweigt Gott oder zeigt einen Gott, der alles nur von ferne lenkt. Sie degradiert Gott zu einem blossen Regisseur, sofern man ihn nicht sogar leugnet. Dann erlebt sich der Jugendliche nicht mehr als ein von Gott geliebtes und angesprochenes Du. Die Leine der Evolution, an deren Beginn man vielleicht einen Schöpfer gestattet, ist zu lang. Der Jugendliche erlebt sich nur noch als ein Produkt einer unübersehbar langen Entwicklung, als Resultat eines Zufall- und Auswahlmechanismus, in weiter Ferne vom Vater. Hier liegt wohl einer der Hauptgründe für die religiöse Verwahrlosung und Lähmung vieler Jugendlicher. Kinder wollen an der Hand genommen und nicht aus der Ferne gesteuert werden.

Die Frage nach dem Woher des Menschen geht aber der Frage nach dem Wohin voraus. Die beiden Fragen hängen zusammen. Wenn die Frage nach dem Woher nicht befriedigend beantwortet wird, ergibt sich eine Orientierungslosigkeit in bezug auf das Wohin, auf das Ziel und den Sinn des Lebens. Wenn wir nicht wissen, woher das Leben kommt, kennen wir auch dessen Ziel nicht. Selbst die Bibel beginnt mit der Auskunft über das Woher der Menschen. Wenn man nun im Biologieunterricht erklärt, das Leben sei nur eine materielle Hochleistung der Natur, versperrt man die Sicht auf den Schöpfer des Lebens, auf Gott, und damit auf Gott als das Ziel des Lebens. Die Lehren der Religion finden dann keinen Boden, in dem sie Wurzeln fassen könnten.
Diese Reaktionen vieler Jugendlicher auf die ihnen vorgetragene Lehre der Evolution gaben uns zu denken. Verweist die Lehre der Evolution wirklich nur in die Vergangenheit der Lebensformen, kann sie uns nur wissenschaftlich erfassbare Abläufe zeigen, oder kann sie uns auch zu Gott als den Urheber des Lebens führen?
So möchten wir zeigen:

1. Die materielle Welt, die aus dem Urknall hervorging, wächst zum Leben und zum Menschen hin.
2. Das Leben will nicht nur als Objekt der Wissenschaften verstanden, sondern auch als unantastbares Geheimnis der Lebewesen selbst anerkannt werden. Man kann sich dem Geheimnis des Lebens nur nähern, wenn man den Lebewesen anerkennend begegnet.
3. Das Anerkennen ist zusätzlich zum wissenschaftlichen Forschen und dem logischen Denken eine neue, eigentümliche Quelle des Erkennens. Es gibt die Sicht frei auf das Geheimnis des Lebens und auf Gott, von dem jedes Leben stammt.

4. Wenn wir eine Person anerkennen, wird das Anerkennen ein Glauben. Im Glauben erkennen wir, dass Gott der Welt durch Jesus Christus die Macht zu leben gibt.
5. Wenn wir uns Christus glaubend anschliessen, finden wir die Antwort auf die Frage: Woher kommen wir, wohin gehen wir?

Wenn wir nun diese Sichten, die wir aus dem Glauben an Christus erhalten, in ein Gespräch mit Menschen einbringen, die ganz einseitig nur vom wissenschaftlichen Denken her geprägt sind, treffen sich zwei verschiedene Denkmentalitäten. Das wiegt in einer Diskussion schwerer als inhaltliche Differenzen.

Als Religionslehrer geben wir die unerhörten Worte Jesu Christi weiter: «Wer an mich glaubt, wird ewig leben.» Können wir eine solche Aussage in eine Diskussion einbringen, wenn wenn man für alles wissenschaftliche Beweise verlangt? Der einzige sozusagen wissenschaftliche Beweis, den wir bringen können, ist, dass Christus es gesagt hat. Er selbst hat keine Beweise, wohl aber Zeichen gegeben, vor allem seine Auferstehung von den Toten. Zeichen solcher Art kann man übersehen, wegdiskutieren oder auch anerkennen.

Wenn wir die Aussagen Jesu Christi als Grundlage unseres Beitrages in ein Gespräch einbringen, sagt man uns: «Ihr gebt damit nur Behauptungen weiter. Zeigt uns Tatsachen, die wir nachprüfen können. Behauptungen können wir nicht als Ausgangspunkt eigener Überlegungen gebrauchen.» Kann man diese Mentalitätsunterschiede überbrücken? Zu viele Lehrer und Schüler können das nicht.

Dürfen wir hoffen, dass wir mit unseren «Behauptungen» ernst genommen werden? Dürfen wir damit in einen Dialog eintreten? Wir wollen in Kürze zeigen, dass unser Anspruch, ernst genommen zu werden, berechtigt ist.

Sind die Aussagen Christi wirklich nur Behauptungen? Nein, sie sind etwas ganz anderes. Sie sind Zusicherungen. Christus sieht das Leben nicht nur als eine Summe von Bewegungsabläufen, sondern als ein Versprechen unendlicher Glückseligkeit, das er uns gibt. Eine Zusicherung und ein Versprechen wirken sich aber erst aus, wenn man dem Sprechenden Glauben schenkt.

Um Christus glauben zu können, ist eine Begegnung mit Jesus Christus wichtiger als jede theoretische Darstellung. In einer Begegnung nämlich gewinnt man eine Erkenntnis nicht dadurch, dass man einen Gegenstand oder einen Tatbestand mit Hilfe wissenschaftlicher Methoden erforscht, sondern dadurch, dass man von einer glaubwürdigen Person Erkenntnisse geschenkt erhält und sie empfängt. An Stelle des beobachtenden Sehens kommt das empfangende Hören. Jesus Christus erwartet von den Aposteln, dass sie ihn auf Grund der vielen Begegnungen als glaubwürdig und als Quelle des Lebens erkennen. Dem Apostel Philippus, der ihn nach langer Zeit noch nicht erkannt hatte, sagt er: «Schon so lange bin ich bei euch, und du hast mich nicht erkannt, Philippus? Wer mich gesehen hat, hat den Vater gesehen.» Damit will er sagen: Wer ihm begegnet, begegnet Gott, wer ihn erkennt, erkennt Gott, denn er selbst ist der Sohn Gottes. Gott aber ist der, der Ziel und Sinn des Lebens bestimmt.

Uns wird eine Begegnung mit Christus durch die Bibel ermöglicht. Diese ist zwar keine Tonbandaufnahme der Worte Jesu Christi. Sie enthält Aussagen von Zeugen, die die Worte, die Jesus zu seinen Hörern in Galiläa oder Judäa sprach, ihren Hörern vor allem im griechischen Kulturraum auf ihre Weise weitergaben, sie sozusagen übersetzten. Sie taten das schon rein sprachlich. Sie taten das als Zeugen oder auf Grund von Aussagen von Ohrenzeugen. Sie fassten Gespräche und Reden in wenige Worte zusammen, so wie das Zeugen tun. Da sagen nun einige: «Wir begegnen den Zeugen, nicht aber Christus.» Wenn aber Zeugen zuverlässig sind, dann wollen sie ja gerade zum Bezeugten hin führen. Und da die Zeugen zuverlässig sind, sind wir sicher, dass wir die Botschaft Jesu richtig erhalten. Wenn die Evangelisten uns sagen: «Jesus sprach: Wer an mich glaubt, wird ewig leben», wissen wir, dass Jesus diese Zusicherung gegeben hat. Vielleicht hat er gesagt: «wird ewiges Leben haben» oder «der kann ewig leben» oder «dem wird ewiges Leben geschenkt». Auf alle Fälle begegnen wir da Jesus Christus, der uns in glaubwürdiger Weise ewiges Leben zusichert. Als er von Dorf zu Dorf zog, hat er dasselbe wieder und wieder gesagt, bald so, bald anders. Nicht der Buchstabe, den er aussprach, ist wichtig, sondern die Zusicherung, die er gibt, und die darin enthaltene Offenbarung seiner selbst. Diese wird uns in gültiger Weise übermittelt, und deshalb können wir in der Bibel Christus begegnen und dürfen diese Begegnung als Ausgangspunkt eines Gespräches mit den Wissenschaftlern benutzen.

Nachdem wir nun festgestellt haben, dass unser Anspruch, als Religionslehrer gültige Aussagen zur Lehre über das Leben machen zu können, ernst genommen werden muss, wollen wir im ersten Teil zeigen, dass die Ergebnisse der Wissenschaften über die Evolution offen sind für eine Begegnung mit Christus, und im zweiten Teil sehen, welche Zusicherungen Christus uns gibt.

Diese Offenheit finden wir durch Überlegungen über die Natur der Beziehungen, die in die materielle Welt Einheit bringen. Wir können damit einen Aspekt der Evolution zeigen, der hilft, das Werden des Lebens, sein Woher und sein Wohin, besser zu begreifen.

1. Der Weg des Lebens

DER EXISTENZKAMPF DES LEBENS

Die Naturwissenschaften haben in unserer Zeit eine unübersehbare Menge von gesicherten Beobachtungen über die Materie und über das Leben in der Welt gesammelt und ein Weltbild, eine Kosmologie entworfen, die denkende Menschen in Erstaunen setzt. Der menschliche Geist hat damit dank der Zusammenarbeit unzähliger Fachleute wohl eine der grössten und schönsten Leistungen der Menschheit hervorgebracht. Es ist unsere Pflicht, zur Kenntnis zu nehmen, was die Wissenschaften uns zu sagen haben. Wir müssen nicht alles wissen, aber wir müssen das, was unsere Sicht der Welt berührt, zur Kenntnis nehmen. Wir versuchen in grösster Kürze darzustellen, was wir von den Wissenschaften zur Kenntnis zu nehmen haben.

Für die Wissenschaftler beginnt die Welt mit dem Urknall. Mit diesem Wort bezeichnen die Wissenschaftler eine unvorstellbar gewaltige Entladung von Kräften, die sich unmittelbar in die verschiedenen bekannten Energieformen umsetzten und teilweise zu Materieteilchen koagulierten. Die Materieteilchen taten sich bald zu Atomen und Molekülen zusammen und bildeten riesige Wolken, aus denen sich Galaxien und Sterne formten. Auf unserem Planeten entstand, als es möglich wurde, das Leben.

Ob es nun einen oder mehrere Urknalls gegeben hat, wie genau sich die Grundkräfte und die Energien und die Materie gebildet haben, wie allmählich Grossmoleküle entstanden, die zu Lebewesen wurden: das alles zeigen die Wissenschaften.

Wer immer sich informiert, wird jedoch sehen, dass sich verschiedene wissenschaftliche Thesen und

Hypothesen immer mehr verfeinern oder sich sogar ablösen. Doch wenn auch vieles im Flusse ist, gibt es Einsichten, die bleibend sind. Eine solche ist die folgende, die für unsere Überlegungen interessant ist: Es gibt in der Welt zwei Grundbewegungen. Energien und Materieteilchen streben einerseits auseinander, sie dünnen sich mit einer gewaltigen Geschwindigkeit aus. Zugleich streben sie zusammen und bilden Elementarteilchen, Atome, Moleküle, Sterne und Galaxien sowie Lebewesen.

Die auseinanderstrebende Bewegung wird getragen von der Raumzeit. Den Raum stellen wir gerne als etwas Ruhendes vor, als eine ruhende Bühne für alles Geschehen in der Welt. Doch der Raum selbst beginnt im Urknall und dehnt sich aus. Die Zeit ist das Mass des immer sich weiter ausdehnenden Raumes, die als vierte Dimension den Raum in sich enthält. Raum und Zeit bilden zusammen die Raumzeit. Diese Raumzeit ist die Grundbewegung der Materie. Es gibt Versuche, die Grösse der vergangenen und der noch ausstehenden Raumzeit zu berechnen, und man gibt mit guten Gründen für die vergangene Zeit zehn bis zwanzig Milliarden Jahre an. Man diskutiert, ob das Weltall, wenn es einmal seine grösstmögliche Ausdehnung erreicht haben wird (Grössenordnung 80 Milliarden Jahre), zu einem Stillstand komme oder sich wieder zusammenziehe. Auf jeden Fall steht die Grösse für die noch ausstehende Ausdehnung der Raumzeit fest, auch wenn ihre Grösse von uns nicht sicher erkannt ist. An und für sich geschieht an dieser Bewegung nichts Neues mehr, sie ist schon festgelegt, sie läuft jetzt einfach ab. Man kann diese Bewegung Vergangenheit nennen, das heisst: das bereits Bestimmte. Man kann diese Bewegung auch deshalb Vergangenheit nennen, weil sie bewirkt, dass in ihr alles vergänglich ist, denn sie will die

ganze materielle Welt bis hin zur Hinfälligkeit ausdünnen.
Die Materieteilchen ihrerseits sind gebündelte Energien, die eine Eigenbewegung haben. Sie werden nicht mehr in bloss passiver Weise ausgedehnt. Sie sind etwas wie Wirbel im einförmigen Fluss der Raumzeit, die ein eigenes Bewegungszentrum besitzen. Es entstehen eigenständige Bewegungseinheiten, die eine Gegenbewegung zur blossen Ausdehnung der Raumzeit bilden und diese durch ihre Gegenwart verformen. Sie nehmen dafür das Wirkungsvermögen der Energien in ihren Dienst.
Es fängt an mit der Entstehung subatomarer Teilchen, die dann weiterhin Systeme von Atomen und Molekülen bilden. Sie alle bilden selbständige Bewegungssysteme, Wirbel, die ihre eigene Bewegungsmitte haben. Das setzt sich fort bis zur Bildung von Lebewesen. Dieser Zug zur Eigenständigkeit ist jetzt beim Menschen angelangt.
Wir haben folglich von Anfang an zwei Bewegungen: die Raumzeit und die sich in ihr befindlichen Eigenbewegungen der Teilchen und Energien. Diese zwei Grundbewegungen sind im Widerstreit gegeneinander. Die Elementarteilchen und Atome, Galaxien und Sterne und Lebewesen haben sich gebildet, um zu verhindern, dass sich die Wirkung des Urknalls in einer blossen Ausdehnung erschöpfe.
Die Eigenbewegungen, die dank den wechselseitigen Beziehungen der Teilchen entstehen, führen zum Leben hin. In diesem Gang zum Leben können wir zwei Stufen sehen: Die erste Stufe besteht in der Entstehung der Materie. Die zweite Stufe besteht in der Erzeugung von lebendigen Einheiten. Die erste Stufe können wir Vor-Leben, die zweite Leben, die beiden zusammen Lebensbewegung nennen.

Die Lebensbewegung führt in die Zukunft, denn da entsteht immer Neues, da wird eine immer grössere Vollkommenheit angestrebt und erreicht. Wo die Vergangenheit, das ist die Bewegung der Raumzeit, und die Zukunft, das ist die Bewegung des Lebens, sich berühren, da ist Gegenwart. Sie besteht in einem Ringen zwischen Leben und Tod, zwischen dem Willen zu bleibendem Dasein und der Erschöpfung. Die Lebensbewegung will sich behaupten und durchsetzen.

Es scheint aber, dies sei gar nicht möglich, denn es gibt die Entropie. Diese besteht darin, dass sich die Energien, deren sich die Lebensbewegung bedient, verbrauchen. Die höheren Energien setzen sich allmählich in niedere Energieformen um, bis am Schluss blosse Wärme da ist. Das ist der Kältetod, weil dann nichts mehr passiert. Die von der Lebensbewegung geschaffene Ordnung wird sich also von daher nicht durchhalten können, sie wird sterben.

Die zweite unüberwindbare Hürde ist die Sonne. Da nämlich die Sonne wegen ihres Energieverschleisses vergehen wird, ist das Leben auf unserer Erde, das von der Energie der Sonne abhängt, auch dem Vergehen ausgesetzt. Es wird ihm eines Tages die notwendige Energie fehlen und das Leben wird trotz seines Selbstbehauptungswillens nicht bestehen können.

Ist also der Aufstieg zum Leben hin ein vergeblicher Versuch, bleibendes Dasein zu erringen? Da bilden sich in der Raumzeit eigenständige Kreisbewegungen im Bestreben, die Welt vor der Totalerschöpfung durch die immer grössere Ausdehnung der Raumzeit zu bewahren. Dieser Versuch aber scheint scheitern zu müssen. Zwei Gründe, nämlich die Entropie und der Zerfall der Sonne, lassen bleibendes Leben nicht zu. Wie das Leben auf unserer Erde bleibenden Bestand haben könnte, kann uns die Naturwissen-

schaft nicht zeigen. Nicht umsonst nennen einige das Leben ein Versprechen, das sich nicht hält.
So fragen wir: Wo hat die Lebensbewegung ihren Ursprung? Was verursacht denn eigentlich diese eigenständigen Bewegungssysteme? Gibt es eine Ursache der Lebensbewegung, die unabhängig von der Raumzeit existiert und deshalb dem Leben Bestand geben kann? Gibt es in unserer Welt eine Wirklichkeit, die sich nicht vom Urknall her ergibt und die nicht vergänglich ist? Ist die Lebensbewegung nur ein Spiel der aus dem Urknall entlassenen Energien und damit ganz von ihnen abhängig oder ist sie eine eigene selbständige Wirklichkeit? Eine Wirklichkeit, die sich von woandersher in die Raumzeit einsenkt? Ist das Leben nur ein Produkt der Materie und deshalb nur eine vorübergehende Erscheinung oder hat es eine Qualität, die auf andere Quellen hinweist?

DER MENSCH UND DAS LEBEN

Woher kommt es, dass sich in der sich einförmig ausdehnenden Raumzeit eigenständige Bewegungseinheiten ausbilden?
Es begann mit dem Urknall. Eine sogenannte Singularität, das ist ein Punkt von der Grösse Null und von unendlicher Hitze und Dichte, explodierte. Welche Kraft da explodierte, entzieht sich bis heute dem Griff wissenschaftlicher Forschungen. Die Raumzeit war da. In der einförmigen Ausdehnung der Raumzeit entstanden jedoch Unregelmässigkeiten, etwas wie Wirbel im Flusse der Raumzeit. Diese Wirbel bildeten eigenständige kleine Bewegungssysteme. Diese Systeme sind die materiellen Gebilde. Man sagt uns, eine Sekunde nach dem Urknall enthielt das Uni-

versum bereits Photonen, Elektronen und Neutrinos, deren Antiteilchen, und einige Protonen und Neutronen, alles Teilchen und Bausteine von Atomen, sowie die vier Grundkäfte, die elektromagnetische Kraft, die Schwerkraft, die schwache und starke Wechselwirkung.

Die verschiedenen Materieteilchen nahmen zueinander mannigfache Beziehungen auf. Schon im subatomaren Bereich werden durch kräftetragende Teilchen Beziehungen zwischen den Teilchen hergestellt, dank denen neue Einheiten entstehen.

Je höher jedoch ein materielles Gebilde steht, desto mehr finden wir Beziehungen, welche die Teilchen und Energien nicht selbst herstellen, sondern in die sie passiv aufgenommen werden. Es sind Beziehungen vorhanden, die den Materieteilchen und Energien übergeordnet sind. In diese werden Atome und Moleküle als Material aufgenommen, und in ihnen werden sie zu Trägern von Werten, die sie nicht selbst hervorbringen können, so wie etwa ein Buchstabe Träger eines sinnvollen Wortes, ein Kalkstein Baustein in einer Mauer oder ein Eisenstück ein Maschinenteil werden kann.

Wir müssen nun fragen: Stammt das Leben aus Beziehungen, die sich auf Grund der Eigenschaften der Atome von selbst ergeben, oder aus Beziehungen, die von einem grösseren übergeordneten Zusammenhang her stammen? Wir möchten nun zeigen: In der Lebensbewegung erscheinen wirkende Beziehungen, die von oben kommen und sich nicht aus der Natur der Teile ergeben.

Zwar können Atome unzählige Beziehungen selbst aufnehmen. Nur schon zwei Würfel können viele verschiedene Beziehungen zueinander haben: mit je anderen Zahlen auf der Oberseite. Dank diesen vielen Möglichkeiten kann man mit Würfeln Zufall-

spiele spielen. Die Atome haben noch viel mehr mögliche Beziehungen als nur zwei Würfel. Deshalb denken einige, das Leben sei das Resultat eines unaufhörlichen Würfelspiels.
Aber das kann das Wachstum der Lebensbewegung nicht erklären. Irgendwo fanden wir folgende Überlegung: «Ein mittleres Gen besteht aus tausend Bausteinen (Nukleotide), von denen es vier verschiedene Arten gibt. Errechnet man die Anzahl von Möglichkeiten für die unterschiedlichen Aneinanderreihungen dieser tausend Nukleotide, so erhält man die riesige Zahl von 10^{602} Möglichkeiten. Die Wahrscheinlichkeit, dass ein ganz bestimmtes Gen ganz zufällig aus der grossen Fülle an Möglichkeiten hervorgebracht würde, ist demnach 1 zu 10^{602}: praktisch Null. Und es gibt etwa 10^{13} Zellen auf der Erde, ganz verschiedene, die aber aufeinander abgestimmt sind. Das alles durch ein Würfelspiel, durch Zufall erklären zu wollen, ist einfach undenkbar.»
Warum nun hat sich die Lebensbewegung auf ganz bestimmte Kombinationen der Teile festgelegt? Das kann nur sein, wenn ein Plan, ein Beziehungsmuster vorliegt, dem gemäss gewisse Materialien ausgewählt werden. Beziehungen, die weitgehend auch wissenschaftlich festgestellt werden können, bestimmen die Auswahl der Teile, die zum Aufbau einer Lebenszelle benötigt werden.
Zudem können wir feststellen, dass in vielen neuen Einheiten, die aus mehreren Teilen bestehen, ganz neue Qualitäten erscheinen, die mehr sind, als was die Summe der Teile hervorbringen kann. Da existiert ein Mehrwert. Das Wasser, ein Produkt von Sauerstoff und Wasserstoff, hat auf der Erde ganz neue, wertvolle Aufgaben und Fähigkeiten, die weder vom Sauerstoff noch vom Wasserstoff abstammen. Es ermöglicht das Leben, es verschönert eine

Landschaft, stillt den Durst. Es weist einen Wertzuwachs auf, der sich nicht aus der Summe der Teilchen ergibt, sondern das Ergebnis eines neuen Zusammenhanges, einer Beziehung, ist, in die das Wasser aufgenommen wird. Irgend etwas oder irgend jemand stellt die Beziehung her, die den Mehrwert hervorbringt.

Die Beziehung, die einen neuen Zusammenhang und eine neue Einheit hervorbringt, wirkt der Vergänglichkeit der Raumzeit entgegen. Da sie sich damit gegen die Grundbewegung der Raumzeit stellt und ordnend in die Bewegung der Raumzeit eingreift, zeigt sie an, dass sie nicht aus dem Urknall abgeleitet werden kann, denn sie widersteht seinen Folgen. Sie ist ein Gegenspieler der Raumzeit, der sie einfängt und sich dienstbar macht.

Wir müssen nun diesen Gegenspieler näher untersuchen.

a. Wir stellen fest: Materieteilchen treten in eine wechselseitige Beziehung und bilden neue Beziehungsnetze, neue Zusammenhänge, neue Einheiten.
b. Wir finden in diesen Einheiten sehr oft Zeichen einer geplanten Auswahl der Teile sowie Mehrwerte, die mehr sind als nur mögliche Folgen eines Würfelspiels. Das zeigt an, dass Beziehungsnetze wirksam sind, die sich nicht aus dem Urknall ergeben.
c. Die Beziehungen, in die Materieteilchen wie Bausteine aufgenommen werden, sind folglich selbständige Wirklichkeiten oder Qualitäten von Wirklichkeiten, die sich nicht aus dem Urknall ergeben. Sie wirken als Plan und Ziel und ordnende Kraft. Sie sind aktivierende Beziehungen.
d. Je höher das Leben sich entwickelt, desto mehr tritt dieser Sachverhalt ans Licht.

Wissenschaftler finden aktivierende Beziehungen selbst bei den Bausteinen der Atome und bei der Bildung von Molekülen.
Auf der nächsten Stufe, dort wo die DNS-Moleküle wirken, tritt die Ursächlichkeit aktivierender Beziehungen noch mehr zu Tage. Die DNS-Moleküle wirken als Stifter von Beziehungen und Beziehungsnetzen, für die sie jene Atome und Moleküle aufnehmen, deren sie zur Verwirklichung der Pläne bedürfen. Sie geben ihre Programme an die Umwelt ab, um aus ihr Ebenbilder ihrer selbst anzufertigen. Es kommt dadurch zu Vermehrung und Wachstum. Es entstehen Pflanzen und Tiere.
Pflanzen und Tiere sind Beziehungssysteme, die nicht mehr mit mathematischen Formeln erfasst werden können. Sie lassen sich nicht nur deshalb nicht erfassen, weil eine unübersehbare Menge von Bewegungsabläufen beobachtet werden müsste, sondern vor allem, weil sie eine Mitte besitzen, aus der heraus sie eine eigenständige Einheit sind und ihr Eigenleben gestalten. Sie zeigen dabei viel Spontaneität. Wir beobachten bei ihnen eine ausgeprägte Selbstbehauptung. Jedes Lebewesen hat seine Mitte, seinen Eigenwert, sein Geheimnis, das ihm gehört, um dessen Erhaltung es kämpft und das nicht aufgebrochen und entsiegelt werden kann. Lebewesen grenzen sich als eigenständige Einheiten von ihrer Umwelt ab und setzen sich mit ihr auseinander. Aus ihrer Mitte heraus gestalten sie Beziehungen mancher Art und greifen formend in die materielle Welt ein. Sie benutzen und gestalten die Umwelt zu ihrem eigenen Vorteil, sie benutzen sie als Speise und verfügen über ihre Umwelt nach eigenem Gutdünken. Sie lassen ihre Beziehungen spielen. Vögel bauen ihre Nester, Tiere graben ihre Höhlen, andere bewachen ihr Territorium. Lebewesen kämpfen um ihr Dasein, erschaffen

Schönheit und spielen. Solche Lebensäusserungen sind mehr, als was eine blosse Summe von untergeordneten, miteinander addierten Energien und Materien hervorbringen könnte. Die Mitte eines Lebewesens ist eine Einheit, die sich nicht als ein Resultat, sondern als Ursprung von Bewegungen zu erkennen gibt.

Was bei den Tieren und Pflanzen immer mehr hervortritt, nämlich dass sie in eigenständiger Weise Beziehungen aufbauen und aufnehmen, erscheint beim Menschen noch klarer. Wir sehen das in besonderer Weise an der Tatsache, dass er eine Sprache hat. Er fasst die vielen Informationen, die ihm die Dinge und Lebewesen geben, in Worte, mit denen er alles, was er beobachtet, deren Zustand und deren Bewegungen, darstellt. Er hat Worte, mit denen er die Informationen registriert und erkennt. Er hat aber auch Worte, mit denen er Beziehungen programmiert. Dann enthalten die Worte Bewegungsprogramme, die Bewegungen und neue Zustände in der Materie bewirken.

Worte tun dies aber nicht als Einzelgänger, sondern als Teile eines Satzes. Mit den Sätzen bringen wir Worte, die Personen oder Dinge oder Zustände bezeichnen, in eine gegenseitige Beziehung. Mit den Sätzen kann der Mensch fast alle Beziehungen in dieser Welt nachvollziehen, darstellen und viele davon sogar gestalten.

Sätze bestehen in ihrer Grundform immer aus einem Satzgegenstand und einer Satzaussage und dem sie verbindenden Wort «sein». (Etwa: der Baum ist gross, das Buch ist dick, der Geselle ist arbeitend.) Dank dem Wort «sein» werden die anderen Worte lebendig. Mit diesem Worte «sein» zeigen wir an, dass wir alles prüfen und beurteilen. «Ist etwas wirklich da? Ist es gut? nützlich? möglich? schön? wahr?» usw. Das Wort «sein» in unseren Sätzen bringt uns in Beziehung mit allem, was immer wir wahrnehmen. So wollen wir dieses Wort, oder das damit Bezeichnete, im Zusammenhang mit der Lehre der Evolution überdenken und seine Rolle für das Leben zeigen.

Mit dem Wort «sein» in seiner Sprache zeigt der Mensch an, dass er eine alles umfassende Beziehung bewerkstelligt, denn es gibt nichts, das er vom Sein ausschliesst. Der Mensch selbst erweist sich dabei als eine Einheit, die sich allem, was er erkennt, gegenüberstellt und allem gegenüber seinen Selbststand behauptet.

Wenn ein Mensch anderen Menschen begegnet, offenbart das Wort «sein» in den Sätzen, die er in diese Beziehungen hinein spricht, zudem immaterielle, persönliche Beziehungen, wie etwa Liebe oder Hass, Güte oder Geiz, Treue oder Untreue. Diese Beziehungen sind nun aber ihrer Natur nach frei oder sie sind nichts. Sie zeigen damit an, dass der Mensch aus eigener Freiheit «sein» sagt.

Was ist der Ursprung dieser Beziehung «sein»? Dadurch, dass der Mensch sich durch seine Sprache der ganzen Welt gegenüber kritisch und urteilend verhält und zu ihr ein Gegenüber bildet, zeigt er an, dass er eine urteilende und abwägende Instanz ist, die über der materiellen Welt steht und deshalb nicht ein Produkt der materiellen Welt sein kann. Da der Mensch immaterielle Beziehungen gestaltet und aus eigener Freiheit handelt, zeigt er an, dass er eine Mitte hat, die nicht materiell ist, sondern geistig. Diese Mitte nennen wir Seele. Die Seele bedient sich der Welt und ihrer Kräfte und Möglichkeiten, wie sich ein Musiker seines Instrumentes bedient. Die Seele ist die Spielerin, die sich aller Einheiten der materiellen Welt bedient.

Wir nennen auch die Mitte und Quelle der Einheit aller anderen Lebewesen, ihr Geheimnis, Seele.

Manche fordern eine Art von Seele, die ein Eigendasein gibt, bereits für die Teilchen der Atome. Da da eine Quelle einer Einheit vorhanden ist, anerkennen wir ihnen auch ihr «Sein». Wir sind uns aber dann immer bewusst, dass eine jeweils andere Art von Einheit vorliegt, die nicht so mächtig ist wie das menschliche Sein. Wohl wird eine Einheit bewirkt, doch diese Einheit ist begrenzt. (Und weil sie begrenzt ist, ist sie dem Zerfall oder dem Tode ausgesetzt.) Wir brauchen da die Worte «Sein» und «Seele» in einem analogen Sinne zum Sein und zur Seele des Menschen.
Der Anspruch der Seele des Menschen, über der Raumzeit zu stehen, sie zu beurteilen und über sie zu verfügen, erscheint besonders im Anspruch, den wir mit jedem Urteil erheben, dass es wahr sei und deshalb von allen anerkannt werden müsse. Wenn wir ein Urteil fällen, nachdem wir uns über die Richtigkeit der Wahrnehmung vergewissert haben, verlangen wir von allen, die urteilsfähig sind, Anerkennung unseres Urteils. Wenn wir zum Beispiel sagen: «Hier sind gedruckte Buchstaben», erwarten wir von allen anderen Personen, unabhängig von Raum und Zeit, ja selbst von Gott, eine Zustimmung. Wir behaupten, dass unsere Aussage wahr ist und immer wahr sein wird. Mit Hilfe solcher Behauptungen wenden wir uns an andere Personen und werden fähig, Dialogpartner in einer Gemeinschaft von Personen zu sein. Da setzen wir uns über Raum und Zeit hinweg, wir stehen darüber. Wir reden in die Raumzeit hinein, ohne von der Raumzeit eingeschlossen zu sein. Wir bedienen uns der Raumzeit, um darin uns zu entfalten. Beziehungen, die Personen zur Welt hin haben und die sie gestalten, bestimmen dann die Beziehungen, die die Dinge in der Welt zueinander haben. Wir schaffen dank den Worten und Sätzen eine menschli-

che Welt. Da ist eine Lebensäusserung, die der Vergänglichkeit der Raumzeit entgegenwirkt.
Qualitative Beziehungen, die wir frei aufnehmen und die ihren Grund in uns haben, bewirken in der Materie quantitative Beziehungen. Die Quantitäten der Materie sind für die qualitativen Beziehungen, die von Personen ausgehen, ansprechbar, weil sie selbst immer schon den Zug zu einer Einheit in sich enthalten und deshalb auch schon eine Qualität, ein gewisses Sein, besitzen. Das Suchen nach einer Einheit, die Bestand haben kann, konnten wir schon immer in der Materie beobachten. Diesem Suchen verdankt die Materie bereits ihre Existenz, denn dank diesem Suchen einer Einheit hat die Energie sich zu Materie koaguliert. Gegenüber der reinen quantitativen Bewegung der Raumzeit erzeugt die Beziehung «Einheit» in der Materie von Anfang an eine qualitative Bewegung, die fortwährend ein Mehr von Einheit und Optimierung dieser Einheit sucht.
Wir erfahren also, dass wir Menschen persönliche Beziehungen aufbauen, dank denen wir in die Natur eingreifen und sie mehr oder weniger in Bewegung bringen. Übergeordnete Beziehungen verursachen Bewegungen, was vor allem sichtbar wird, wenn Liebe aus Eisen Pflüge, Hass aus demselben Eisen Schwerter schmiedet. Es gibt also Beziehungen, die aktiv die Welt gestalten.
Diese Beziehungen haben als ihren Ursprung die Seele. Was aber ist die Seele? Das müssen wir noch sehen.
Zudem erklärt das alles nur das Wirken der Menschen, das Entstehen einer menschlichen Welt, aber noch nicht die Entstehung des Lebens überhaupt. Doch sind wir schon zu folgendem Schluss berechtigt: Es gibt Instanzen, Seelen, die aktiv auf die Materie einwirken. Es gibt nicht nur den Urknall, der

bestimmt, was in der Welt geschieht, es gibt Seelen und von ihnen her Beziehungen, die die Welt mitgestalten. Personen gestalten die Welt in aktiver Weise. Um die Bedeutung des Menschen für das Leben der Welt besser zu begreifen, haben wir die Rolle des Wortes «sein» betrachtet. Es ist sicher ungewöhnlich, die Rolle dieses Wortes als Beweggrund der Evolution zu bedenken. Dieses Wort aber lässt erkennen, dass der Mensch eine Quelle von Bewegungen in der Welt und ein Gegenüber zur Welt ist und in die Welt eingreift. Das Wort «sein» ist ein Beziehungsbegriff. Dieser Begriff zeigt die Grundbeziehung des Menschen an, mit der er die Welt und das Leben erkennt und gestaltet, sich aneignet und beherrscht. Er ist mehr als nur ein Allgemeinbegriff, der alles, was vorhanden ist, in sich einschliesst, er ist nicht nur ein Instrument der Logik, sondern stellt die Beziehung des Menschen zur Welt dar. Er ist eine Lebensäusserung. Wenn man diese Lebensäusserung nicht in die Überlegungen über den Gang des Lebens miteinbezieht, wenn man es nicht als Offenbarung eines Lebensvollzuges des Menschen erkennt, der die Evolution des Lebens entscheidend prägt, wird die Lehre der Evolution immer ein Torso bleiben.

ANERKENNEN UND GLAUBEN

Die Seele ist geistig

Jedes Lebewesen hat seine ihm eigene Mitte, sein Geheimnis, seine Seele, aus der heraus es sein Leben gestaltet. Wir fragen nun: Was ist die Natur dieser Seele?
Da wir uns nicht vorstellen können, wie ein nichtmaterieller Spieler auf der Materie spielen könnte,

wenn er nicht in mechanischer Weise etwas stossen oder ziehen kann, erliegen viele der Versuchung, die Seele als etwas Feinstoffliches oder als eine zusätzliche Dimension zur körperlichen Welt vorzustellen, damit irgendeine Art von Stossen und Ziehen zustande kommen kann. Das aber würde zu unmöglichen Absurditäten führen, denn dann hätte die Seele Eigenschaften der Materie, sie hätte feinstoffliches Gewicht und Mass, und wir müssten dann konsequenterweise von drei Pfund Liebe oder vier Metern Wahrheit reden.

Wir begegnen der Seele als einer einheitsstiftenden Instanz. Als solche erscheint sie als ein Gegenüber zur Materie, aber nicht im Sinne einer Antimaterie, sondern als eine Instanz, die über der Raumzeit steht und gestaltend in sie einwirkt. Sie eint unzählige Teile und Bewegungen. Ihre Tätigkeit ist das Einigen, und sie gestaltet damit ganze Netze von Beziehungen. Sie zeigt dabei ein grosses Mass von Freiheit und Selbständigkeit.

Auch die Tier- und Pflanzenseelen weisen in ihrer Weise solche Merkmale auf. Wir verwenden das Wort Seele jeweils in analoger Weise. Wir bejahen, dass es jeweils eine selbständige Instanz gibt, ein Sein, das Einheit bewirkt, ohne damit zu sagen, dass alle Seelen das gleiche Wesen, die gleiche Qualität und die gleiche Beständigkeit hätten. Wir wollen auf die Frage, welcher Grad der Selbstbestimmung jeweils vorhanden ist, nicht eingehen. Wir haben nur den Menschen im Auge.

Beim Menschen beobachten wir, dass seine Seele durch die Lebensäusserung «sein» ein Gegenüber zur ganzen Welt bildet. Damit ragt sie über alle Räume und Zeiten hinaus Sie ist nicht räumlich, nicht lokalisierbar, nicht zeitlich, nicht materiell, sondern geistig (und deshalb auch unsterblich).

Die Hingabe

Bis dahin haben wir die Seele wie eine Solistin betrachtet, das heisst die Seele in sich allein, die eine Einheit in ihren Erkenntnissen bewirkt. Das aber gibt uns noch nicht genügend Anhaltspunkte, um die Natur der Seele genügend erkennen zu können. Wir müssen nun der Tatsache Beachtung schenken, dass es viele Seelen, viele Menschen, gibt, die auch noch miteinander eins werden müssen. Sie alle zeigen die Lebensäusserung «sein» und umfassen je neu die ganze Welt. Jeder Mensch ist eine Neuauflage, ein «Sein» der ganzen Welt. Diese Welten begegnen einander und stehen in Beziehung zueinander und müssen eine Einheit bilden. In diesen Begegnungen können wir die Natur der Seele noch besser erkennen, als wenn wir sie nur als Solistin betrachten.

Damit in diesen Begegnungen die Natur der Seele erkannt werden könne, müssen folgende Schritte getan werden:

Der erste Schritt ist: Ein Mensch darf in keiner Weise über einen anderen verfügen, denn jeder Mensch erhebt einem Erkennenden gegenüber den Anspruch, dass er seine Würde und Eigenständigkeit achte und anerkenne. Jeder Versuch, den anderen ungefragt wissenschaftlich aufzuknacken, verfremdet ihn und verletzt seine Eigenständigkeit. Wir müssen auf jeden Versuch verzichten, den anderen wie eine Sache in unsere eigene Welt einzubinden, sei das in der Politik, in der Wirtschaft oder sonst irgendwo.

Der zweite Schritt: Der, der die Erkenntnis des anderen gewinnen will, muss selber schweigen. Er muss schlicht und einfach zur Kenntnis nehmen, was der andere mitteilt. Damit gibt er dem anderen die Möglichkeit, sich mitzuteilen. Das heisst allerdings nicht,

dass man eine empfangene Information nicht kritisch bewerten solle.
Der dritte Schritt ist das Glauben. Die Mitteilung, die der andere macht, wird (nach ihrer Prüfung) als wahr angenommen. Man verlässt sich auf seine Aussage und auf seine Willensäusserung und nimmt sie als Orientierung für sein eigenes Verhalten an. Damit stellt man sich dem anderen zur Verfügung, man gibt sich hin als sein verlängertes Ich. Es ergibt sich eine Art von gegenseitigem Innewohnen, eine Gemeinschaft. Wer glaubt, nimmt nicht nur irgendeine Information an, er anerkennt den Sprechenden als eine Person und nimmt diese selbst an. Selbst wo nur eine sehr flüchtige Begegnung stattfindet, etwa wenn uns jemand Auskunft über einen einzuschlagenden Weg gibt, ist bereits etwas Gemeinschaft geworden.
Das Glauben enthüllt uns so die Tatsache, dass der Mensch die Fähigkeit hat, sich anderen Personen hinzugeben und sie anzunehmen. Dieses Hingeben und Annehmen ist die Beschaffenheit der Beziehung «sein», mit der die Menschen einander begegnen.
Das Wort «ist» spricht der Mensch in dieser Beziehung. Er formuliert Sätze und fällt Urteile, weil er andere Menschen annimmt und sich anderen hingibt. Ein Mensch, der in keinem Austausch mit anderen lebt, wird nie sprechen, und selbst sein Denken bleibt sehr rudimentär. Er formuliert keine Urteile. Das zeigt, dass wir das Wort «sein» letztlich deshalb gebrauchen, weil wir in Beziehung zu anderen Menschen leben. Aus diesen Beziehungen heraus müssen wir das Wort «sein» begreifen und nicht bloss aus der Tatsache, dass wir mit diesem Wort im Satze Subjekt und Prädikat in Beziehung bringen.
Die Beziehung, die in der gegenseitigen Hingabe und Annahme besteht, ist nicht eine blosse Aktivität der Seele. Sie selbst ist diese Beziehung. Im Beziehungs-

wort «sein» stellt sich die Seele selbst dar. Die Seele nämlich, die in der Materie den Zug zu Einheiten bewirkt, die als solche existieren und wirken, muss selber ganz eins sein. In ihr ist Wesen und Wirksamkeit eine unteilbare Einheit. Das Wort «sein» ist der Name für die Seele, die als Annahme und Hingabe in der Gemeinschaft der Seelen existiert. Ihr Leben besteht darin, dass sie sich anderen Seelen (und wie wir noch sehen werden vor allen anderen Gott) hingibt und diese annimmt und darin von Gott angenommen und sich gegeben wird. Diese Einheit der Hingabe und Annahme bewirkt in der formlosen Energie der Raumzeit, die aus dem Urknall kommt, den Zug und den Aufstieg zu bleibender Einheit. Wie die Sonne mit ihrem Licht auf unserer Erde das Wachstum auslöst, indem sie nichts anderes tut als sich selber sein, so löst die Seele, das Sein, die unzähligen Formen des Vorlebens und der Lebensbewegung aus. Jedes Lebewesen ist eine Einheit, die die Einheit der Personen sucht. Dieses Suchen ist die Triebfeder der Evolution.

Person

Da die Seele des Menschen die Beziehung «sein» ist, ist der Mensch eine Person. Eine Person ist ein geistiges Wesen, das als eine tätige Beziehung west, die sich in ihrem «Sein» annimmt und hingibt und mit anderen Personen Gemeinschaft bildet.
Joseph Kardinal Ratzinger zeigt in seinem Buch «Dogma und Verkündigung», S. 205–234, wie die Theologie nach langem Ringen und Überlegen zu einem volleren Verständnis dessen führte, was eine Person und damit was eine menschliche Seele ist. Er schreibt: «Die Relation, das Bezogensein, ist nicht

etwas zur Person Hinzukommendes, sondern sie *ist* diese Person selbst. Die Person besteht ihrem Wesen nach ... überhaupt nur als Beziehung.»

Eine Person einigt alles, was sie erkennt, indem sie alles in ihren Lebensvollzug «sein» aufnimmt, das Erkannte mit sich selbst in Einheit bringt und sich selbst mit anderen Personen glaubend vereinigt.

Alle nichtpersönlichen Lebewesen, ja die ganze Schöpfung, suchen ihrerseits Anteil an der Einheit der Personen zu erlangen, weil diese Einheit ausserhalb von Raum und Zeit steht und deshalb bleibenden Bestand haben kann. In ihrem Streben nach Einheit fangen alle niederen Lebewesen an, Einheit in sich selbst und Einheit mit ihrer ganzen Umwelt zu suchen. Wenn sie Einheit mit ihrer Umwelt suchen, führt sie das dazu, ständig eine Optimierung ihrer eigenen Einheit zu suchen, damit sie in der Umwelt besser bestehen können. Dieses Suchen nach Optimierung führt zum Aufstieg des Lebens, den wir als Evolution kennen. Sie führt zum Menschen, in dem die Überwindung der raumzeitlichen Vergänglichkeit verwirklicht wird. So wirkt der Mensch durch sein «Sein» als Ziel der Evolution.

Ist der Mensch wirklich das Ziel, das die Evolution vollendet? Der Mensch selber stirbt ja trotz seiner Fähigkeit, Raum und Zeit zu überragen. Wohl empfinden wir den Tod des Menschen als etwas Widernatürliches, aber er ist da. Mancher meint deshalb, der Mensch sei ein blosses Zufallsprodukt, ein blosses Versprechen, das sich nicht hält, und wollen gar nichts von einem Ziel der Evolution wissen. Man sagt einfach: Wir wissen nicht, was das Ziel ist. Wenn man nur auf Grund der immer neuen und möglichen Kombinationen der Moleküle und Atome an ein Ziel denkt, wird man kaum eine andere Antwort finden. Wenn man aber beachtet, dass höhere Lebewesen immer wieder einen Mehrwert enthalten, der unmöglich das Resultat der Summe der Teile ist, und man sich fragt, woher dieser Mehrwert kommt, wird man die Existenz aktivierender Beziehungen finden. Diese Beziehungen bewirken den Aufstieg, und bei ihnen müssen wir nach dem Ziel fragen. In der Beziehung «sein» des Menschen finden wir ein Ziel. Allerdings kann der Mensch nicht das letzte Ziel sein, weil er als solches versagt. So müssen wir sagen: Der Mensch wirkt wohl als Ziel, denn er zeigt in seinem Urteilen eine zwingende Notwendigkeit. (Er behauptet, dass seine Urteile über alle Räume und Zeiten hin gelten.) Anderseits aber existiert er selbst nicht zwingend notwendig. Er operiert mit einer Qualität, mit einem Wert, den er sich nicht selber geben kann, und das verlangt nach jemandem, der die Quelle einer solchen zwingenden Notwendigkeit ist. Diese Bewandtnis ruft nach einer Person, die selber zwingend notwendig ist und die die Welt, die nach dem Leben strebt, erschuf. Wir erkennen und anerkennen diese Person als Gott.

Den Weg des Menschen zu Gott können die Naturwissenschaften nicht zeigen, er liegt ausserhalb der Reichweite ihrer logischen Instrumente. Die Theologie führt uns nun weiter. Die Theologie wird uns zeigen, dass Jesus von Nazareth, der Gott und Mensch ist, das Haupt der ganzen Schöpfung und der Menschheit und damit das eigentliche Ziel der Evolution ist. Er fängt das Versagen der Menschen auf und gibt ihnen Anteil an seinem «Ziel-Sein» und führt die ganze Schöpfung zurück zum Schöpfer.

Auch die folgenden Überlegungen führen uns zur Erkenntnis der Existenz Gottes:

a. Wenn das «Sein» die Seele ist, müssen wir sagen: Es gibt so viele Seiende, die eine allumfassende Seinsmächtigkeit besitzen, wie es Personen gibt. Wenn sich nun Personen wechselseitig hingeben und annehmen, wird «sein» doch eines. Es muss aber eine massgebende Person geben. Welche Person aber ist für alle anderen massgebend? Das kann kein Mensch sein, denn jeder Mensch erfährt sich als eine Person, die in eine schon existierende Gemeinschaft von Personen eintritt und daher als eine Person, deren Sein für die Existenz der Gemeinschaft nicht notwendig ist. Das kann auch keine menschliche Gemeinschaft sein, denn auch eine solche tritt auf einer schon bestehenden Bühne auf. Es muss eine Person sein, die selbst ohne Anfang schöpferisch Personen aus dem Nichtsein ins Dasein ruft. Diese Person erkennen und anerkennen wir als Gott.

b. Wenn wir sagen, «sein» sei die Natur der Seele, könnte man einwenden, das führe zu einem vollkommenen Subjektivismus. Wo bleibt dann die objektive Wahrheit, der wir uns doch unterwerfen müssen? Die objektive Wahrheit, die unabhängig von uns existiert, ist da, weil wir in unserem Sein auf Gott bezogen sind. Das Wort «sein» zeigt immer auch eine Begegnung mit Gott an. Was Gott aber spricht, das ist die Objektivität. Wo immer Gott nicht angenommen wird, fallen die Menschen tatsächlich in einen Subjektivismus, und es entsteht tatsächlich ein tödliches Chaos.

Die Bibel zeigt Gott als den Schöpfer der Welt, der der Ursprung und das Ziel allen Lebens ist. Er ist eine absolute, unendliche Einheit. Gott gibt sich ganz hin und ist darin Vater, nimmt sich ganz an und ist darin Sohn, der sich wiederum dem Vater hingibt. Diese Hingabe und Annahme ist in der Einheit der Liebe, im Heiligen Geist. Dreimal ist der eine Gott in seiner Hingabe und Annahme Person. Diese Einheit dreier Personen ist der Ursprung und das Ziel des Lebens in der Welt.

Die Einheit mit Gott ist die Zukunft, die das Leben erstrebt und die der Lebensbewegung Bestand und letzten Sinn gibt. Das Leben steigt hinunter. Die Einheit Gottes bewirkt die Einheit von Personen, und diese Einheit bewirkt die Einheit der anderen Lebewesen. Das Leben kommt von oben. Aber das ist das Wunder, das nur Gott bewirken kann, dass alles Lebendige eine solche Eigenständigkeit besitzt, dass es sich selbst bestimmen kann.

Die Naturgesetze

Welche Rolle spielen in diesem Suchen nach Einheit die Naturgesetze?
Wir können die Rolle der Naturgesetze im Streben nach Einheit mit einem Hausbau vergleichen. Eine Familie sucht einen Raum der Geborgenheit für die Gemeinschaft. Deshalb werden verschiedene Materialien, Stein, Holz, Eisen, Glas usw., gesammelt und sachgerecht verwendet. Nur wenn die Materialien richtig behandelt werden, können sie dienen. Das Haus wird gebaut, weil die Familie ein rechtes Leben führen will. Das Haus wird gebaut, indem man sich der Materialien gemäss den Gesetzen der Natur bedient. So wird auch die Lebensbewegung vom Verlangen der Materie nach der Geborgenheit in der Einheit von Personen ausgelöst, und sie verfolgt dieses Ziel durch die Beachtung der Naturgesetze.
Die Beziehungen, die sich zwischen den Personen bilden, sind da als die stabilen Beziehungen, in denen die labilen Beziehungen der nichtpersonalen Welt Geborgenheit suchen und in die sie sich einfügen, ja in die sie einmünden wollen. Obwohl die personalen Beziehungen geistiger Natur sind, sind sie für die Welt der Materie keine Fremdkörper, denn

der Zug zur Einheit, der der Auflösung durch die Raumzeit entgegenwirkt, ist von Anfang an in der Materie anwesend. Schon immer war Geist am Werk.

Erkennen und Anerkennen

Wer mit der Frage «Woher kommt das Leben und wohin geht es?» nicht in den Erkenntnisraum des Anerkennens und des Glaubens eintritt, bleibt blind für das Wirken von Personen und vor allem für Gott. Das Instrument, mit dem wir die wissenschaftlichen Erkenntnisse erwerben und ausbauen, nämlich das auf Beobachtungen fussende Urteil, ist nicht geeignet, das Geheimnis und Wirken von Personen erfassen und anerkennen zu können. Das Anerkennen ist eine eigene Dimension des menschlichen Erkennens. Es setzt das Erkennen voraus. Jedes Erkennen muss aber im Anerkennen geborgen sein, sonst bleibt es eindimensional, oberflächlich. Da uns alle Lebewesen mit dem Anspruch auf Anerkennung ihrer Würde begegnen, ist das Anerkennen dieses Anspruches ebenso notwendig wie das Erkennen der Strukturen und Bewegungen der Lebewesen.
Das Anerkennen liegt nicht unbedingt in der Linie einer wissenschaftlichen Logik. Es ist eine Dimension unseres Erkennens, die uns aber von den Lebewesen, denen wir begegnen, ebenso abgefordert wird wie die wissenschaftliche Erfassung ihrer Natur. Durch blosses Beurteilen wird man dem Lebewesen noch nicht gerecht. Dem muss auch ein Wissenschaftler zustimmen. Hier muss der entscheidende Schritt zu einer einheitlichen wissenschaftlich-religiösen Erkenntnis des Lebens getan werden.
Wir haben immer die Möglichkeit, die Anerkennung abzulehnen, weil das Anerkennen eine Sache des

Herzens und des Willens ist. Das Herz und der Wille sind ebenso an der Entfaltung unseres «Seins» beteiligt wie der Verstand. Wenn wir das Anerkennen ablehnen, verschliessen wir unseren Weg zu Gott und finden uns in einem Chaos.
Das Leben wird von wachen Menschen immer als ein Geschenk von oben erfahren und erkannt. Poeten staunen über diese Gabe und Heilige danken dafür. Sie kennen nicht nur das Wägen, Messen und Rechnen als Erkenntnisquellen für den Menschen, sie wissen, dass erst das Anerkennen und die Hingabe und Annahme im Glauben den Blick auf das Wesen und den Sinn des Lebens freigibt. Sie sehen den Lobpreis Gottes als das Ziel und die Erfüllung ihres Lebens.
Diese Sehweise wurde in unserer Zeit durch den Erfolg des quantitativen wissenschaftlichen Denkens zurückgedrängt, das Anerkennen anderer Personen wurde als gültige Quelle des Erkennens vernachlässigt und ignoriert, so dass selbst Einstein einmal schreiben konnte:
«Je mehr der Mensch von der gesetzmässigen Ordnung der Ereignisse durchdrungen ist, um so fester wird seine Überzeugung, dass neben dieser gesetzmässigen Ordnung für andersartige Ursachen kein Platz mehr ist. Er erkennt weder einen menschlichen noch einen göttlichen Willen als unabhängige Ursache von Naturereignissen an. Die Naturwissenschaft kann freilich niemals die Lehre von einem in Naturereignisse eingreifenden Gott widerlegen, denn diese Lehre kann stets in jenen Gebieten Zuflucht finden, in denen wissenschaftliche Erkenntnisse bis jetzt noch nicht Fuss zu fassen vermochten.
Aber ich bin überzeugt, dass ein solches Verhalten der Vertreter der Religion nicht nur unwürdig, sondern auch verhängnisvoll wäre. Denn eine Lehre, die sich nicht im klaren Licht, sondern nur im Dunkeln

zu behaupten wagt, wird zwangsläufig jede Wirkung auf den Menschen verlieren, zum unermesslichen Schaden für den Fortschritt der Menschheit. In ihrem Kampf um das Gute müssen die Lehrer der Religion die innere Grösse haben und die Lehre von einem persönlichen Gott fahrenlassen, das heisst, auf jene Quelle von Furcht und Hoffnung verzichten, aus der die Priester in der Vergangenheit so riesige Macht geschöpft haben. Statt dessen sollten sie ihre Bemühungen lieber auf jene Kräfte richten, die das Gute, Wahre und Schöne im Menschen selber fördern.» («Physik und Transzendenz», Dürr, Scherz Verlag Bern, 1987, S. 77)
Man muss Einstein zustimmen, insofern er einen Gott ablehnt, der ein Lückenbüsser ist und der willkürlich in die von ihm geschaffene Welt eingreifen würde. Aber gottlob gibt es den von Einstein in diesem Text abgelehnten Gott überhaupt nicht, nämlich einen Gott, der einerseits der Materie die Fähigkeit und Macht gibt, sich zum Leben hin zu organisieren, um dann anderseits diese Macht willkürlich zurückzunehmen. Ein Gott, der die Natur zum aktiven Mitspieler im Welttheater erhebt, um sie doch nur als Schachfigur einzusetzen. Sicherlich gab es Prediger, die solches erzählten, die zum Beispiel eine noch nicht erklärbare Nierenfunktion heranzogen, um zu verkünden: «Seht, es muss Gott geben, damit jemand diese Funktion ausführt.» Aber solche Prediger sind ebensowenig als Theologen zu betrachten wie Alchimisten als Chemiker. Wenn dann Einstein von der Ablehnung eines falschen Gottesbildes zur Ablehnung eines persönlichen Gottes übergeht, geht er zu weit. Da finden wir einen typischen Fall, wo das Anerkennen als eine eigene Dimension des Erkennens abgelehnt wird, wo man blind ist für diese Dimension des Seins. Dann wird das Naturgesetz

zum höchsten Wesen erhoben. Soll dieses Gesetz Gott sein? Oder viele Gesetze ebenso viele Götter? Gibt es nur das kalte Licht der Wissenschaft? Gibt es da, wo es ein Gesetz gibt, nicht immer auch einen Gesetzgeber? Gibt es nicht ein Dasein und Leben von Personen? Können persönliche Beziehungen in mathematische Formeln gefasst werden?

Das Suchen nach einer Einheit, die bleibend sein wird, ist die treibende Kraft der Evolution. Dieses Suchen wurde der Materie gegeben. Es ist eine Gabe, die eine Aufgabe ist. Diese Gabe kommt von oben, sie veranlasst die Materie, sich entsprechend ihren jeweiligen Möglichkeiten zu organisieren. Dabei wird die Materie nicht wie Schachfiguren herumgeschoben, sie löst ihre Aufgabe durch eigenständiges Tun. Der Zug zur Einheit spornt die Materie, vor allem die Lebewesen, zur Eigenaktivität an, er aktiviert sie. Er führt sie dazu, selbst Materialursache für die Evolution zu sein. Dieses Suchen nach Einheit ist etwas wie eine Spielregel, nach der die Evolution abläuft. Auf den unteren Stufen geschieht das noch unbewusst, und der Aufstieg der Lebensbewegung ist oft noch dem Zufall ausgesetzt. Es werden Irrwege eingeschlagen und wieder aufgegeben. Je höher aber die Lebewesen stehen, desto mehr verfolgen sie das Ziel der Einheit in bewusster Weise. Man kann daher mit Recht von einer Selbstorganisation der Natur sprechen, wenn man die Evolution betrachtet. Nur muss man sich bewusst sein, dass die Materie ihr Vermögen, sich selbst zu organisieren, der Beziehung «Einheit» verdankt, die von einer Person, von Gott, in die Raumzeit eingesenkt worden ist. Die Natur ist die Materialursache, die Beziehung «Einheit» die Zielursache der Evolution. Diese Ursachen wirken zusammen, sie alle sind wahre Ursachen.

Plato lehrte, es gäbe ewige Ideen der Dinge, die vor dem Entstehen der Welt vorhanden gewesen seien, also präexistierten, und alle materiellen Dinge seien nur Schattenbilder dieser Ideen. Was aber in Wirklichkeit präexistiert, sind nicht Ideen, sondern der Zug zur Einheit, der von Gott in die Materie hineingelegt worden ist. Es sind nicht festgelegte Ideen vorhanden, die der Welt ihr wirkliches und wirkendes Dasein aussaugen, sondern Beziehungen, die eine wirksame Eigentätigkeit schenken.

Zusammenfassung

Das Leben ist mehr als nur ein Ergebnis physikalischer und chemischer Prozesse. Diese Prozesse stehen im Dienste des Zuges nach Einheit. Dieser Zug hat seine Quelle in den Beziehungen, die Personen zueinander haben, letztlich im dreifaltigen Gott. Das Leben kommt von oben. Wäre nur der wissenschaftlich beschreibbare Aufstieg der Lebensbewegung da und wären nur die Naturgesetze der Grund für das Leben, dann wäre das Leben kalt, nur ein mörderisches Schicksal. Dann wäre die Natur eine Fruchtbarkeitsgöttin, die ihre eigenen Kinder frisst. Es wäre ein Spiel eines Zufalls. Leben aber verlangt nach Geborgenheit in der Liebe zwischen Personen, in der Liebe Gottes.

Das Anerkennen muss bei der Bejahung aller Lebewesen mitbeteiligt sein. Schon wenn sich die ersten Teilchen als eine Einheit bilden, ist diese Einheit eine Einladung, sie anzuerkennen. Das Anerkennen muss deshalb immer das wissenschaftliche Erkennen begleiten. Weil man das nicht tat, fielen die Menschen in jene ehrfurchtslose Haltung vor der Natur, die zu ihrer heutigen Zerstörung führte.

Anerkennen und Glauben sind Erkenntnismethoden, die in Räume der Wirklichkeit führen, nämlich zu anderen Personen, die uns keine Wissenschaft öffnen kann. Wer diese Erkenntnisweisen ausschaltet, bleibt auf der Strecke zum vollen Verstehen des Lebens stehen, ist nur zu einer eindimensionalen Erkenntnis des Seins fähig.
Der Widerstand gegen den Glauben als den Weg zur vollen Erkenntnis des Seins ist vorhanden, weil wir Sündern glauben sollten, denen wir mit Recht misstrauen. Wir selbst haben schon in uns gesetztes Vertrauen verraten und wurden selbst verraten. Das daraus entstandene Misstrauen gegen das Glauben überträgt sich dann auf den Lebenswert des Glaubens überhaupt. Diese nicht grundlose Unlust zum Glauben stellt uns nun vor die entscheidende Frage: Dürfen wir überhaupt glauben? Ist das verantwortbar? Die Antwort wird sein, wie wir später sehen werden: Unsere Fähigkeit zu glauben muss geheilt werden.

DIE AUSKUNFT DER BIBEL

Das Volk der Juden hat unter allen Völkern eine einzigartige Stellung. Seine Aufgabe ist nicht die wissenschaftliche Aufarbeitung der Welt, sondern die Gestaltung des Lebens aus dem Glauben. Sein Buch ist die Bibel, die ein Buch des Lebens sein will und deren Anspruch, das Leben zu erklären, beachtet werden muss.
Das Anliegen der Bibel ist vor allem, das Leben und Werk von Jesus von Nazareth darzustellen und die Menschen zum Glauben an ihn als jene Person zu führen, die der Welt das Leben mitteilt und das Leben vollendet. Er selbst sagt von sich, er sei von Gott gesandt und sei gekommen, damit die Men-

schen das Leben haben und es in Fülle haben (Joh 10,18; 17,3). «Wer an mich glaubt, wird leben, auch wenn er stirbt» (Joh 11,25).
Dieser Anspruch Jesu Christi ist wirklich ungeheuerlich, besonders wenn man solche Worte in einen Zusammenhang mit der Lehre der Evolution bringt. Was haben solche Worte zu tun mit der Lehre des Lebens? Wir wollen das kurz darstellen.

1. Die Bibel redet viel vom Leben, und zwar vom gleichen Leben, das die Wissenschaftler auf ihre Art erforschen. Sie redet vom Leben der Pflanzen und Tiere (Gen 9,3; Gen 3,14). Sie sagt, ein gesegnetes Leben bedeute Länge der Tage, Fruchtbarkeit des Lebens, Kinderreichtum (Ps 21,5; 91,16 usw.). Das Leben, von dem die Bibel spricht, umfasst aber weitere Räume des Lebens als die, die die Wissenschaften ausloten. Sie spricht von Lebensäusserungen und Lebensbedingungen, die ausserhalb der möglichen Reichweite wissenschaftlicher Forschungsmethoden liegen. Das zeigen Aussagen wie: «Bewahre Klugheit und Umsicht, so werden sie dir ein Lebensquell» (Spr 3,21–22). «Halte fest an der Weisung (Gottes), sie ist ja dein Leben» (Spr 3,14). «Wer die Wahrheit liebt, liebt sein Leben» (Sir 4,14). Christus sagt: «Das ist das ewige Leben: dich, den einzigen wahren Gott, zu erkennen und Jesus Christus, den du gesandt hast» (Joh 17,3).

Es gibt nur ein Leben, das aber verschiedene Phasen hat. Das Wort Leben bezeichnet in der Bibel die ganze Strecke des Aufstieges der materiellen Welt bis zur Vollendung, wo die Schöpfung liebend Gott dankt und ihn verherrlicht.
Obwohl die Bibel von allen Phasen des Lebens spricht, lehrt sie nicht naturwisssenschaftliche Erkenntnisse. Sie gebraucht einfach die Sichten und Redeweisen der jeweiligen Zeit, um darin ihr eige-

nes Anliegen darzustellen. Sie lehrt, die Beziehung des Menschen zu Gott und der Menschen untereinander aus dem Glauben heraus zu gestalten.

2. Die Bibel sagt uns: «Im Anfang schuf Gott Himmel und Erde. Die Erde aber war wüst und wirr. Finsternis lag über der Urflut. Der Geist Gottes schwebte über dem Wasser. Gott sprach, es werde Licht, und es wurde Licht» (Gen 1,1-3). Gott sprach dann noch mehrmals: «Es werde», und führte die Erde hin zum Leben des Menschen.

In dieser Darstellung zählt die Aussage: «Und Gott sprach und es geschah.» Gottes Wort ist die Quelle des Lebens (Ps 36,10). Das Wort Gottes senkte sich in die Welt hinein und rief die Materie zu einem aktiven Aufstieg auf. Wendungen wie etwa: «Das Land lasse junges Grün wachsen» (Gen 1,11) oder: «Das Land bringe alle Arten von lebendigen Wesen hervor» (Gen 1,24) zeigen an, dass die Erde zu aktivem Tun aufgerufen wurde. Das Leben steigert sich immer mehr und findet im Leben des Menschen seinen Höhepunkt und seine Endgültigkeit.

Der Mensch soll erkennen, dass das Leben von Gott her kommt, und soll als ein Beschenkter Gott danken und loben und lieben.

3. Als Gott den Menschen schuf, sprach er: «Lasst uns Menschen machen als unser Abbild» (Gen 1,26). Er gab dem Menschen die Macht zum Lebensvollzug «Sein» und damit die Macht, Person zu sein. Darin ist er ein Abbild Gottes.

Es ist bemerkenswert, dass die Bibel sagt: «Lasst uns». Da eine Person ganz Beziehung ist, muss sie auf eine andere Person bezogen sein. Wäre Gott nicht ein «Uns» von Personen, ein Geheimnis, das Christus aufklären wird, dann wäre Gott erst durch die Gegenwart des Menschen Person geworden, etwa wie ein Mann erst durch die Geburt eines Kindes Vater wird.

4. Der Mensch ist auf den ewigen Gott hin bezogen. Aus dieser Beziehung zum Ewigen empfängt der Mensch Unsterblichkeit. «Gott hat den Menschen zur Unvergänglichkeit erschaffen» (Weish 2,23). Seine Unsterblichkeit verdankt der Mensch nicht einer vollkommenen Beherrschung der Möglichkeiten der Materie, sie fliesst ihm aus seiner Beziehung zu, die er in seinem Leben zu Gott hin hat. Die Qualitäten der Beziehungen bestimmen die Qualitäten eines Lebewesens. Man kann deshalb nicht sagen, der Tod gehöre zur Natur des Menschen, denn die Natur des Menschen ist nicht bloss ein Ergebnis der Materie, nicht bloss ein Ergebnis der Evolution, sie kommt daher, dass er mit seinem Sein Gott berührt.

Gott hat uns aus Liebe erschaffen. Das Leben ist eine Gabe der Liebe Gottes. Diese Gabe muss in Freiheit angenommen werden und ist deshalb, obwohl ein Geschenk, auch eine Leistung des Menschen, eine Antwort der Dankbarkeit. Wenn der Mensch der Liebe Gottes liebend entspricht, wenn er Gottes Willen erfüllt, besitzt er das Leben. «Wer Gott findet, findet Leben» (Spr 8,35).

Da das Leben Gabe und Aufgabe, Liebe und Gegenliebe ist, Liebe aber frei ist, kann der Mensch seine Beziehung zu Gott und somit sein Leben ausschlagen. Der Mensch muss deshalb wählen und sich entscheiden.

Das Programm des jüdischen Volkes, des Volkes, dem die Weisungen der Bibel gelten, heisst nun: «Siehe, heute habe ich dir Segen und Heil, Tod und Unheil vor Augen gestellt. Wenn du den Geboten Jahwes, deines Gottes, gehorchst, die ich dir heute anempfehle, indem du Jahwe, deinen Gott, liebst, auf seinen Wegen wandelst und so seine Gebote, seine Bestimmungen und Rechtssatzungen beobach-

test, so wirst du am Leben bleiben und dich mehren, und Jahwe, dein Gott, wird dich im Lande, in das du ziehst, um es in Besitz zu nehmen, segnen. Wenn sich aber dein Herz wendet und du nicht gehorchst, wenn du dich verführen lässt, fremde Götter anzubeten und ihnen zu dienen, so kündige ich heute an: ihr werdet unfehlbar zugrunde gehen, ihr werdet im Lande, in das du über den Jordan ziehst, um hineinzugelangen und es in Besitz zu nehmen, nicht lange leben. Ich rufe heute Himmel und Erde gegen euch als Zeugen an: Leben und Tod, Segen und Fluch habe ich dir vor Augen gestellt. So sollst du denn, damit du und deine Nachkommen am Leben bleiben, das Leben wählen, indem du Jahwe, deinen Gott, liebst, seiner Stimme gehorchst und ihm anhängst. Denn das bedingt dein Leben und deine Lebensdauer, auf dass du in dem Lande wohnen bleibst, dessen Hergabe an sie Jahwe deinen Vätern Abraham, Isaak und Jakob zugeschworen hat» (Dtn 30,15–20).
Dieser Text sagt es klar: Die Juden sind vor die Wahl gestellt, ob sie leben wollen oder nicht. Sie müssen selbst entscheiden. Dieser Entscheid wird durch ihr Verhalten Gott gegenüber gefällt. Wenn sie Gott lieben, werden sie leben. Christus wird zeigen, dass dieses Leben in ein ewiges Leben ausmünden wird. Der Liebe zu Gott, der zum Leben ruft, sind alle übrigen Lebensäusserungen untergeordnet und auf sie hingeordnet. Diese Liebe gibt dem Leben Sinn und Bestand.

Jesus Christus

Als Jesus Christus Mensch wurde und auf unsere Erde kam, bezog er die Entscheidung, ob wir Gott dienen wollen oder nicht, auf sich selbst. Unsere Entschei-

dung besteht nun darin, ob wir ihm Glauben schenken oder nicht. Christus lehrt: «Wer an mich glaubt, wird leben, auch wenn er stirbt, und jeder, der lebt und an mich glaubt, wird auf ewig nicht sterben.» Und der Evangelist Johannes schreibt: «Allen aber, die ihn aufnahmen, gab er Macht, Kinder Gottes zu werden, allen, die an seinen Namen glauben» (Joh 1,12).
Viele Juden empfanden diese Lehre als eine Anmassung und als Gotteslästerung. Jesus Christus seinerseits begründete diese seine Forderung mit der Auskunft: «Denn wie der Vater das Leben in sich hat, so hat er auch dem Sohn gegeben, das Leben in sich zu haben. Und er hat ihm Vollmacht gegeben, Gericht zu halten, weil er der Menschensohn ist» (Joh 5,26–27). Mit diesen und anderen ähnlichen Worten weist Jesus Christus auf seine Aufgabe und seine Bedeutung für das Leben in der Welt hin.
Die Auskunft, die er uns erteilt, können wir nur erfassen, wenn wir Jesus Christus Glauben schenken. Es handelt sich da nämlich um eine Selbstoffenbarung einer Person, die uns einen Blick in ihr Inneres gewährt. Wenn immer aber eine Person sich einer anderen eröffnet, wird sie damit nicht ein Objekt wissenschaftlicher Untersuchungen. Man wird ihr nur gerecht, wenn man ihr mit Ehrfurcht begegnet und ihr glaubt. Diese Ehrfurcht schliesst allerdings nicht aus, dass man prüft, ob es sich um eine wirkliche Selbstoffenbarung handle und was diese Selbstoffenbarung wirklich beinhaltet und ob der sich Offenbarende glaubwürdig sei.
Jesus Christus erweist sich als glaubwürdig, weil er sein Leben für die Menschen hingibt, bewusst und ohne jeden Groll, nur darauf bedacht, das Leben der Menschen aus dem Tode zu retten.
Durch die Worte, mit denen er seine Hingabe erklärt, offenbart er uns, dass sich der eine, unendlich voll-

kommene Gott, der Himmel und Erde erschaffen hat, ganz hingibt und sich ganz annimmt. Als der sich Hingebende ist er der Vater, als der sich Annehmende ist er der Sohn und als Hingabe ist er der Heilige Geist. Gott ist ganz sich Hingebender, ganz sich Annehmender und ganz Hingabe. Das unendliche, einzige, einmalige Sein Gottes ist dreifaltig. Der Vater ist Person, der Sohn ist Person, der Heilige Geist ist Person. Da sich diese Personen ganz einander hingeben und die anderen annehmen, sind die drei Personen ein Gott. Das unendliche Geben und Nehmen in vollkommener Liebe, in der der eine Gott dreimal Person ist, ist das Leben. Leben zeigt sich da als unendliche Hingabe und Annahme seiner selbst, eine göttliche Wirklichkeit, die für uns letztlich ein unfassbares Geheimnis wie Gott selber ist.
Der Sohn, die zweite Person Gottes, der sich ganz Annehmende, nahm eine menschliche Natur an, um sich für die Menschen hinzugeben. Durch seine Hingabe brachte er die Welt in Beziehung zu Gott. Er gab den Menschen Raum in seinem göttlichen Leben, in seiner Hingabe an den Vater, und durch den Menschen allem Leben auf der Erde. Er gab allem Leben Anteil am Leben der göttlichen Personen und hat damit alles Leben gleichsam personalisiert. Alles Leben nimmt – in einem je verschiedenen Masse – Anteil am Leben der göttlichen Personen. Da wird nun offenbar, wohin das Leben eigentlich strebt, nämlich zur Personalisierung von allem, was existiert. Alles soll am persönlichen Leben des dreifaltigen Gottes teilnehmen und durch diese Teilnahme die Herrlichkeit Gottes offenbaren.
Menschen, die ihr Leben nicht auf Christus beziehen (es gibt allerdings viele Menschen, die von Christus gar nichts oder nichts Genaues wissen, jedoch in ihrer Lebensführung auf ihn hin leben, ohne es aus-

drücklich zu wissen), erkennen das Leben nur als eine physikalische und chemische Hochleistung. Sie können keinen Sinn für das Leben finden, ausser Leistung und Vergnügen und Lust, und keinen Grund für das Leben, ausser einen sinnlosen Zufall. Wer immer aber auf Jesus Christus schaut und ihm Glauben schenkt, dem wird Licht in sein Leben fallen. Heilige Menschen, die wach sind für Gott, jubelten deshalb immer über die Gabe des Lebens, wie etwa Alfons von Liguori, der schrieb:
«(Gott sprach) ich will die Menschen für die Liebe zu mir einfangen mit den Netzen, mit denen sie sich binden lassen, mit den Ketten der Liebe! Darauf waren alle Geschenke aus, die Gott den Menschen gab. Als er ihm eine Seele verlieh nach seinem Bild, begabt mit Gedächtnis, Verstand und Willen, als er ihm seinen mit Sinnen ausgestatten Leib gab, als er für ihn Himmel und Erde erschuf mit einer Fülle von Einzeldingen, schuf er all das aus Liebe zu den Menschen. Alle Geschöpfe sollten den Menschen dienen, der Mensch aber sollte Gott selbst wegen so zahlreichen Wohltaten lieben.»
Dieser Text wurde natürlich in Unkenntnis der Evolution, der aufsteigenden Linie des Lebens, geschrieben, aber hat seine Gültigkeit nicht verloren. Er zeigt die niedersteigende Linie des Lebens, die ebenso wirklich ist wie die aufsteigende, ja diese auslöst. Solche Texte dürfen, so man erklären will, was Leben ist, nicht ignoriert werden.

LEBEN WILL LIEBE

Wir nehmen die Dinge und die Lebewesen auf Grund von Beobachtungen und von Begegnungen wahr. Die Beobachtungen führen uns zum wissen-

schaftlichen Erkennen, die Begegnungen zum Anerkennen. Beide, Beobachtungen und Begegnungen, führen uns dazu, in der Gemeinschaft von Personen «ist» zu sagen. Dieses Wort «sein» zeigt einen Lebensvollzug des Menschen an. Als menschlichen Lebensvollzug wollen wir diese Lebensäusserung noch einmal betrachten, auch wenn sich einige Wiederholungen ergeben.
Die Beobachtung: Wenn wir «sein» sagen, zeigen wir, dass wir irgend etwas wahrgenommen haben. Ob gross oder klein, vergangen oder zukünftig, zeitlich oder ewig: Wir sagen, wenn wir etwas wahrnehmen: «Es ist». Da nur das Nichts davon nicht erfasst wird, weil es nichts ist, streckt sich die Seele in diesem Lebensvollzug auf alles aus. Räumliche oder zeitliche Begrenzung spielt für sie keine Rolle, auch wenn die Wahrnehmung von etwas Erkennbarem an räumliche und zeitliche Bedingungen gebunden ist und daher begrenzt ist. Die Urteilskraft aber der Seele kennt keine Grenzen und zeigt das mit dem Worte «sein» an. Das Wort sein zeigt eine allumfassende Beziehung an. Diese Beziehung ist die Natur unserer Seele, die sich mit allem, was irgendwie vorhanden ist, vorhanden war oder sein wird, in Beziehung setzt und dabei über Raum und Zeit steht.
Man könnte nun denken, die Evolution habe dank der alles umfassenden Beziehung «sein» des Menschen ihr Ziel endgültig erreicht, denn da gibt sich ein Leben kund, das über Zeit und Raum hinausragt und deshalb über dem Auflösungsprozess durch Raum und Zeit steht. Das Ziel ist erreicht, nämlich die Überwindung der Vergänglichkeit. Gewisse östliche Denkweisen suchen deshalb Erlösung von der Vergänglichkeit durch den Versuch, das reine Sein zu erfassen, das durch keine Wahrnehmung verschmutzt wäre. Sie fürchten, dass die Seele durch die

Wahrnehmungen, die an Raum und Zeit gebunden sind, in die Auflösung durch die Raumzeit hineingezogen werde.

Die Begegnung: Da es aber nicht nur einen, sondern viele Menschen gibt, stehen wir noch vor einer weiteren Aufgabe. Wir müssen auch die Einheit der Personen suchen. Wir finden diese in den Begegnungen mit Personen. Dabei darf die Unanstastbarkeit der Personen in keiner Weise verletzt werden. Niemand kann eigenmächtig erforschen, wie der andere seine Seinsmächtigkeit handhaben oder wie er sich zu einem bestimmten Geschehen einstellen soll, ohne seine Unantastbarkeit zu verletzen. Solche Erkenntnisse können wir nur glaubend in einer Begegnung empfangen. Selbst in den Straflagern Sibiriens, wo jede äussere Freiheit genommen war, gab es keine Möglichkeit, von aussen her in ein Gewissen eines Gefangenen einzubrechen oder zu bestimmen, in welchem Geiste ein Gefangener sein Los zu ertragen habe. Wir wissen, dass selbst unter den entwürdigendsten Foltermethoden in den Konzentrationslagern des letzten Krieges ganz grosse und freie Menschen lebten. Vor allem kann niemand jemanden daran hindern, einen anderen zu lieben.

Wenn wir etwas erkennen, nehmen wir das Erkannte in uns auf, wir integrieren es in unsere Welt, wir atmen es gleichsam ein. Wenn wir es anerkennen, atmen wir es aus, wir anerkennen seine Selbständigkeit und Unabhängigkeit. Das Wort «sein» zeigt beide Bewegungen an, das Einatmen und das Ausatmen. Zu oft beachtet man leider nur das Einatmen. Wir lernen aber schon im Alltag das Anerkennen. Erfahrungen von Schönheit sind nur möglich, wenn wir andere anerkennen. Auch wenn uns Furcht vor etwas befällt oder wenn wir die Flucht ergreifen, wissen wir, dass wir etwas anerkannt haben. Das Wetter, der Sonnenschein, die Gewitter sind alles Lehrer des Anerkennens, denn wir müssen, ob wir wollen oder nicht, uns nach ihnen richten. Auch erfahren wir Lob und Tadel, Aufnahme oder Abweisung. Wenn wir ein Kunstwerk geniessen, wissen wir, wir werden beschenkt und von einem Künstler bereichert. Wir anerkennen ihn. Wir bekunden das durch den Applaus. Immer, wenn wir jemandem danken, bekräftigen wir unsere Anerkennung.

Im Übergang vom Erkennen zum Anerkennen von Lebewesen und Personen befinden wir uns in einer Wahlsituation. Wir müssen einen Entschluss fassen. Dies ist die Wahl: Wir können versuchen, die Lebewesen bloss wissenschaftlich zu erkennen und sie zu lenken, sogar das Leben von Personen. Einen solchen Versuch macht der dialektische Materialismus. Die Neigung dazu wird durch einen einseitigen wissenschaftlichen Unterricht hervorgebracht. Wir können uns anderseits entschliessen, andere in ihrer unantastbaren Würde anzuerkennen, so dass wir Erkenntnisse über sie als Geschenk empfangen können.

Wer sich entschliesst, die Würde anderer anzuerkennen und zu glauben, gewinnt die Fähigkeit, Gott zu erkennen. Er erkennt in der unfassbaren Grösse und Schönheit der Welt ein Zeugnis für eine Person, die als Schöpfer über allen Zeiten und Räumen steht, der in seiner Würde absolut unantastbar ist und uns seine Liebe schenkt. Das Erkennen erhält jetzt volle Geborgenheit im Anerkennen. Das führt weiter zum Glauben.

Wer glaubt, verlässt sich auf eine andere Person. Wir müssen uns aber fragen: Dürfen wir glauben? Ist das uns selbst gegenüber verantwortbar? Geben wir, wenn wir glauben, uns selbst auf, oder finden wir da Geborgenheit für unsere Würde als Person? Diese Fragen sind auf Grund von Alltagserfahrungen

berechtigt. Deshalb verlangen wir, wenn wir glauben sollen, nach einer Person, die uns in bleibender schöpferischer Liebe bejaht. Um Glauben zu können, müssen wir Gott glauben.
Mit dem Lebensvollzug «sein» hat uns Gott die Fähigkeit geschenkt, ihm, der Quelle des Lebens, glaubend begegnen zu dürfen. Wenn wir diese Begegnung annehmen, gibt er unserem Sein jenen Ewigkeitswert, den wir uns selber nicht geben können. Wenn wir uns ihm zuwenden und wenn unser Denken zu einem Danken wird, dann wird unser Leben sinnvoll, wahr und gut. Unser Leben wird ein Lob Gottes. Wir bezeugen, dass es ein Geschenk Gottes ist, der uns liebt. Grosse Menschen haben ihr Leben immer als ein solches Geschenk erfahren.
Als die Philosophie noch Magd der Theologie war, war sie in die Begegnung der Menschen mit Gott eingebettet. Als sie sich verabsolutierte, verlor sie diese Geborgenheit, sie war nicht mehr ein Moment der Hingabe. Wenn sie dann im blossen Erkennen verweilend blieb und sich dem Raume des Anerkennens verschloss, verwahrloste sie und wurde oft zu einem Festival von Ideologien, und die daraus sich ergebende Literatur diente nicht mehr dem Lobe Gottes, sondern der Schaustellung seiner selbst, einem Exhibitionismus, der schrankenlos wurde.

Dasein – Leben – Liebe

Das Wort «sein» bezeichnet den grundlegenden Lebensvollzug des Menschen. Leider wird dieses Wort «sein» zu wenig als Lebensvollzug des Menschen erkannt, obwohl ihn jeder Mensch in jedem Satz, den er ausspricht, vollzieht. Unsere Aufmerksamkeit richtet sich aber jeweils auf den Satzgegenstand und auf die Satzaussage. Wenn jemand sagt: «Das Haus ist teuer», denkt er an das Haus und an das Geld und nicht an den Gehalt des Wörtchens «ist». Zudem kann er dieses Wörtchen nie für sich allein gebrauchen. Das Sein als reines Seinserlebnis gibt es nicht. Wenn einer nur sagen würde «ist», ohne jede andere Angabe, würde er uns nichts sagen. Am nächsten zu einem reinen Seinserlebnis kann ein Liebender gelangen, wenn er dem Geliebten einfach sagt: «Du bist», und alles übrige für ihn nicht mehr zählt. Da ist das Seinserlebnis eingebettet in die Liebe, in die der Glaube Zutritt gibt. So wird es von vielen Menschen erlebt, auch von den sogenannten einfachen Leuten, die kaum Lust fühlen, ein solches Erlebnis nun mit tiefen Überlegungen aufzuarbeiten.

Auch ein Wissenschaftler beschäftigt sich kaum mit dem Worte «sein». Auf Grund seiner Beobachtung nennt er es «Hilfszeitwort», es ist für ihn etwas wie ein Bindemittel, das die Worte eines Satzes zusammenhält. Es eignet sich nicht für Experimente, denn es eröffnet seinen Gehalt erst im Anerkennen.

Und doch tut es gut, die Rolle des Wortes «sein» in unserem Leben immer wieder zu bedenken. Um diesen Lebensvollzug etwas begreifen zu können, müssen wir zugleich erkennend, anerkennend und glaubend vorangehen. Dann begegnet uns das Sein als Dasein, Leben und Liebe.

Das Dasein: Wir erkennen das Dasein. In jeder Wahrnehmung, auch in der Wahrnehmung unser selbst, begegnet uns das «Sein» wie ein Horizont, der alles umfasst, oder wie eine Leinwand eines Gemäldes, auf der das Wahrgenommene gegenwärtig wird. Auf diesem Hintergrund kann etwas gesehen, gehört, berührt oder auch gedacht und untersucht werden. Das Sein hat da für uns den Charakter eines alles

umfassenden Begriffes, der nicht viel mehr aussagt, als dass das Erkannte nicht nichts ist.
Was wir als etwas Daseiendes wahrnehmen, kann mit Hilfe der Mathematik und der Naturgesetze beschrieben werden. Damit gewinnen wir aber noch keine Gewissheit über das tatsächliche, von uns unabhängige Vorhandensein dessen, was wir wahrnehmen.

Wir wissen noch nicht, ob wir uns in einem kantianischen Planetarium befinden, in dem die Sterne nur Projektionen unseres eigenen Denkens sind.
Die Gewissheit, dass wir es mit Gegebenheiten zu tun haben, die unabhängig von uns existieren, erhalten wir, wenn wir ihre Eigenständigkeit anerkennen. Wenn wir das nicht tun, werden die wahrgenommenen Dinge eine Gefahr für uns, sie können uns sogar zerstören. Allerdings treten Dinge in unseren Seinshorizont, denen wir kaum Beachtung schenken müssen, so etwa ein einzelner Regentropfen. Ihr Einfluss auf uns ist sehr gering. Es gibt aber Dinge, die wir absolut anerkennen müssen. Wir würden uns sonst selbst gefährden. So etwa ein reissender Fluss, den wir nicht überqueren können, oder die Kraft der Atome. Sie alle sind auch Seiende, haben auch ihr «Sein», das heisst eine Einheit, mit der sie sich im Kontext aller Seienden behaupten, auch wenn ihre Seinsmächtigkeit sehr begrenzt ist.

Das Leben: Wenn wir Lebewesen erkennen, treffen wir einen Anspruch auf Unantastbarkeit an. Wir finden in ihnen die Würde einer Einheit, die wir nicht antasten dürfen, ohne sie zu zerstören. Die Lebewesen müssen sich selbst offenbaren und mitteilen, und wir werden ihrer Würde nur durch Anerkennen gerecht.

Da wir eine Mitteilung empfangen und anerkennen, treten wir in eine Einheit mit ihnen ein. Diese Einheit hat je nach der Würde des Lebewesens ganz verschiedenen Charakter. Ihre Vollkommenheit erreicht die Einheit in der Einheit von Personen. Das erscheint eine Einheit, die eine Frucht der wechselseitigen Hingabe und Annahme ist. Diese Einheit ist in den niederen Lebewesen in verschiedenem Masse vorgebildet und angekündigt. In den Lebewesen tritt das blosse Dasein der Materie über sich hinaus und bildet eine neue Art von Einheit, eine neue Wirklichkeit. Man kann sagen: Das Leben ist die Ekstase des Daseins. Das Dasein ist wie eine Linie, die nun in eine Fläche aufgenommen wird und als Element der Fläche existiert.
Alles Daseiende will am Leben teilhaben und teilnehmen, als seine Voraussetzung, als Umwelt oder als Körper oder Leib eines Lebewesens. Es gibt Daseiendes, dessen Beziehung zum Leben kaum sichtbar ist. So zum Beispiel ferne Galaxien im Weltall. Heute aber wissen wir, dass sogar diese ihren Anteil am Leben leisten, denn von ihnen her kommen die schweren Elemente, die für uns lebenswichtig sind.

Die Liebe: Das Leben seinerseits sucht als Liebe zu existieren, denn nur die Liebe bringt bleibende Einheit unter Personen. Leben ist nur als Liebe möglich. Die Liebe schafft jene Einheit, in der eine Person sich der anderen hingibt und sich von der anderen annimmt. Sie ist nicht eine Lebensäusserung, sondern eine Lebensveräusserung. Das sehen wir in ihrer reinsten Form, dann nämlich, wenn ein Liebender sein Leben für den Geliebten hingibt. Da Liebe das Leben hingeben kann und über das Leben verfügt, folgt, dass Liebe etwas vom Leben Verschiedenes ist. Liebe und Leben verhalten sich wie Verfügender und Verfügtes. Wie aber das Leben nicht vom Dasein abgetrennt werden kann, so kann auch die Liebe nicht vom Leben abgetrennt werden. Das Leben seinerseits findet seinen Sinn und seine Fülle dann, wenn es ganz in die Liebe aufgeht. Die Liebe ist die Ekstase des Lebens, da findet das Leben seine volle Geborgenheit. Sie ist wie ein Körper, in der die Fläche als ein Element existiert.

Wie das Leben die Ekstase des Daseins und sein Ziel ist, so ist die Liebe das Ziel des Lebens. Das Leben ist der Sinn und die Wahrheit des Daseins, Liebe ist der Sinn und die Wahrheit des Lebens. Das Dasein strebt nach Leben, Leben nach Liebe. Das Leben nimmt das Dasein der Materie an, die Liebe nimmt das Leben an und gibt ihm bleibenden Wert.

Die Liebe gibt das eigene Leben anderen Personen hin und nimmt das Leben von anderen an und führt dadurch zur Gemeinschaft und Einheit der Personen. Dieses Sich-Hingeben und Annehmen kann nur in der Geborgenheit der Liebe Gottes vollzogen werden. Die Einheit der Liebe kann nur als Einheit mit Gott erstehen, sonst würde sich das Leben zerstören, denn nur der Schöpfer des Lebens kann eine Ganzhingabe des Lebens auffangen. Die wichtigste Lebensregel für den Menschen heisst deshalb: «Du sollst den Herrn, deinen Gott, lieben mit deiner ganzen Kraft, mit deinem ganzen Herzen und mit deinem ganzen Verstand und deinen Nächsten wie dich selbst.» Dies ist das Ziel auch der ganzen Evolution der Lebewesen. Alles Daseiende und alle niederen Lebewesen streben danach, Anteil am Leben und an der Liebe von Personen zu erhalten. Die Evolution kann deshalb auch «Personalisierung» genannt werden.

Dasein, Leben, Liebe sind die drei Einheiten, die zusammen jene Einheit bilden, die wir mit dem Worte «sein» aktualisieren. Dasein - Leben - Liebe ist

der Urakt des Menschen, der vom Verstand, vom Willen und vom Herzen zusammen vollzogen wird. Wo immer dieser Urakt in den Glauben an Gott eingebettet wird, wird das Dasein, das Leben und die Liebe zu einem Schöpfen aus der Seligkeit und Freude Gottes, denn er ist die Quelle, aus dem alles Sein fliesst.
Unser «Sein» hat seinen Ursprung im Wort Gottes. Dieses Wort wurde in Jesus Christus offenbar und kann von uns glaubend angenommen und gelebt werden. Johannes schreibt in seinem Evangelium: «Im Anfang war das Wort, und das Wort war bei Gott, und das Wort war Gott. Im Anfang war es bei Gott. Alles ist durch das Wort geworden und ohne das Wort wurde nichts, was geworden ist. In ihm war das Leben, und das Leben war das Licht der Menschen» (Joh 1,1-4). Paulus schreibt: «Er, das menschgewordene Wort Gottes, ist das Ebenbild des unsichtbaren Gottes, der Erstgeborene der ganzen Schöpfung. Denn in ihm wurde alles erschaffen im Himmel und auf Erden, das Sichtbare und das Unsichtbare, Throne, Herrschaften und Gewalten; alles ist durch ihn und auf ihn hin geschaffen. Er ist vor aller Schöpfung, in ihm hat alles Bestand» (Kol 1,15-17). Gott schuf die Welt aus dem Nichts. Die sich ausdehnende Energie, die Raumzeit entstand. Der Sohn begibt sich in diese Raumzeit und prägt sich darin aus, er löst damit die Lebensbewegung aus und fängt sie wieder ein. Der Geist Gottes erfüllt sie mit Liebe.
Wenn Gott uns «sein» sagt, ist das ein schöpferisches Sprechen, wenn wir «sein» sagen, ist das, wenn wir geistig wach sind, ein dankendes Sprechen. Der Vater gibt uns Dasein, der Sohn Leben und der Heilige Geist Liebe. Und da Dasein, Leben und Liebe eine unzertrennbare Einheit bilden, gibt der eine Gott uns das Sein. Wenn wir «sein» sagen, existiert darin ein Verlangen, Gott zu verherrlichen, indem

wir uns ihm hingeben. Menschen, die sich nicht von Gott annehmen und sich ihm hingeben, bleiben immer Gefangene der Frage nach dem Sinn des Lebens, was immer ihre wissenschaftliche Ausbildung sein mag. Jenen aber, die sich in Liebe von Gott annehmen und die sich ihm hingeben, erübrigt sich die Frage, denn die Liebe fragt nicht mehr nach dem Warum.
Wenn wir im Verlangen nach bleibendem Leben, das sich im Gebrauch des Wortes «sein» zeigt, auf uns selbst verwiesen würden, dann wären wir hoffnungslos überlastet. Eine solche Überlastung nahmen Adam und Eva auf sich, als sie selber bestimmen wollten, was gut und was böse sei. Eine solche Überlastung findet sich wieder in allen Lebensentwürfen, die ein glückliches Leben ohne den Glauben an Gott suchen. Wir sind ja endliche Lebewesen und suchen das Unendliche, wir sind begrenzt und suchen das Unbegrenzte. Wie können wir das, wenn wir nur aus unserer eigenen Kraft schöpfen? Nur wenn wir Gott glauben und an seiner Macht teilnehmen und, wie die Bibel sagt, dadurch aus Gott geboren sind, können wir den Ansprüchen des Seins genügen. Eine Nonne oder ein Mönch, die in ihren Gebeten Gott loben, erhellen das Sein viel mehr als wer nur logische Strukturen blosslegt. Wenn wir Gott als unsere Geborgenheit finden, sind wir ohne jede Furcht und Angst und leben in der Seligkeit der Liebe Gottes.
Wenn wir geistig, und noch mehr mit unserem Herzen, wach wären und die Grösse und Würde unseres Mensch-Seins verstehen würden, dann wäre all unser Sprechen ein Gebet. Wir wären nicht nur denkende Personen, sondern immer auch dankende.
Um das Leben begreifen zu können, dürfen wir es nicht nur erkennend erforschen, wir müssen ihm

auch anerkennend und glaubend begegnen, sonst werden wir dieser Wirklichkeit nicht gerecht, denn der Anspruch auf Anerkennung ist in allen Lebewesen und der Anspruch auf Glauben in allen Menschen enthalten. Wenn man nur das als Auskunft über das Leben gelten lässt, was man mathematisch erfassen kann, ist das eine arge Sichtverengung. Auch der Übergang vom Dasein zur Liebe ist ein Schritt der Evolution, der nicht ignoriert werden darf, denn damit vollendet sich das Leben.

2. Tod und Auferstehung

DIE WECHSELBEZIEHUNG VON RECHT UND LIEBE

Das Recht

Jeder Mensch hat die Vollmacht, das Recht, die Macht, die Freiheit, die Fähigkeit und Autorität (Griechisch in der Bibel = Exousia) zu einer personalen Lebensäusserung «sein». Damit hat er die Aufgabe, das Leben der Welt zu jener Vollendung hinzuführen, in der es die Raumzeit und Entropie überwindet und ein Lob Gottes wird. Diese Vollmacht darf nicht beschädigt werden. Wer sie verletzt, zerstört die Würde der Person.
Da viele Menschen zusammenleben, muss deren Seinsvollmacht von der Gesellschaft geschützt werden. Jeder Mensch beansprucht in der Gesellschaft Anerkennung seiner Würde als Person. Dieser Anspruch existiert als Recht. Weiter muss jeder in einer Gesellschaft die Seinsvollmacht der anderen (auch seine eigene) anerkennen. Von daher erwachsen Pflichten.

Rechte und Pflichten müssen in Übereinstimmung gebracht werden. Damit diese Übereinstimmung möglich werde, bilden die Menschen einen Staat. Das kann auf verschiedene Arten geschehen. Welche Form aber der Staat immer habe, er hat den Auftrag und die Macht, die Rechte und Pflichten der einzelnen in Übereinstimmung zu bringen, indem er die Rechte und Pflichten durch Gesetze regelt.
Rechte und Pflichten zu schützen und zu fördern dient dazu, die Menschen zu jener Einheit hinzuführen, in der das Leben aller bestehen kann. Deshalb leisten auch die Rechtswissenschaften in ihrer Art einen notwendigen Beitrag zum Aufstieg des Lebens.
Pflichten haben wir vor allem Gott gegenüber, der unser Schöpfer ist und dessen Eigentum wir sind. Sein Wille, sein Ratschluss, der der Welt das Leben gab, ergibt das Ur-Recht. Dieses Recht Gottes zu achten ist unsere erste Pflicht. Diese Pflicht zu verstehen und zu vertreten ist das Anliegen der Religionen.
Die immer bessere Wahrnehmung der gegenseitigen Rechte und Pflichten der Menschen in der Gesellschaft führte zur Erklärung der Menschenrechte. Dazu gehören die Gewissensfreiheit, das Recht auf Leben, das Recht auf Wahrheit, auf Erziehung, zum Wohnen, auf die Gesundheit usw. Die Erklärung dieser Rechte und deren Anerkennung muss als ein wichtiger Schritt der Lebensbewegung gesehen werden, denn dadurch wird die Einheit der Menschen gefördert.
Es kann vorkommen, dass gutgemeinte menschliche Gesetze sich in Einzelfällen als Angriff auf die Menschenwürde auswirken. Dann wird Recht zu Unrecht. Noch mehr wird Recht zu Unrecht, wenn Diktatoren oder Parteien den Staat dazu missbrauchen, ihren Egoismus oder ihre Ideologien durch Gesetze den Mitmenschen aufzuzwingen. Die

Anstrengung, Gesetze immer besser in den Dienst des Rechtes und damit des Lebens zu stellen, muss immer weiter gehen. Diesen Dienst am Leben erweist die Politik.

Die Liebe

Der Staat, der Rechte und Pflichten gesetzlich regelt, kann deren Beobachtung gesetzlich einfordern, ja sogar Strafen verhängen. Doch schon im staatlichen Zusammenleben muss jeder Einzelne die Würde der anderen von sich aus anerkennen und die Gesetze der Gesellschaft bejahen. Der Staat darf nicht eine von aussen übergeworfene Zwangsjacke sein, er muss aus den Herzen aller Beteiligten wachsen. Erst dann, wenn das der Fall ist, kann man zusammenleben, dann erst entsteht eine Einheit, die das Leben schützt. In der gegenseitigen Anerkennung der Rechte ist nämlich mehr enthalten als nur gesetzlich geforderte Verhaltensweisen. Wer die Rechte der anderen anerkennt, anerkennt damit auch den anderen als Rechtsträger, als Person. Es sind also zwei Zustimmungen, zwei Anerkennungen vorhanden: die Zustimmung zu den Rechten und die Zustimmung zum anderen als Rechtsträger, zur Person. Mit dieser zweiten Zustimmung, mit der Anerkennung des anderen als Person, setzt die Liebe ein. (Diese beiden Zustimmungen können auseinanderfallen, wenn zum Beispiel jemand durch strikte Beobachtung von Gesetzen versucht, den anderen zu ruinieren, oder wenn er nebensächliche Gesetze dazu benutzt, Grundrechte des anderen zu verletzen.) Die Liebe beginnt also damit, dass wir nicht nur Rechte und Pflichten anerkennen, sondern den anderen als Rechtsträger.

Die Liebe steigert sich, wenn einer dem anderen aus freiem Entschluss Anteil an seinen eigenen Rechten gibt, wie das beispielhaft in der Ehe geschieht. Man schenkt dann dem anderen etwas von seiner Zeit, von seiner Kraft, von seinen materiellen und geistigen Gütern, von seiner Freiheit.

Die Liebe kann sich immer weiter steigern bis zur Hingabe seines Lebens für den anderen.

Man könnte eine Liebe, die dem anderen Anteil an den eigenen Rechten gibt oder gar das Leben für andere hingibt, einen unverantwortlichen Akt der Selbstaufgabe nennen. Sie schmälert oder vernichtet ja das eigene Leben. Diese Sicht wird zwar selten so radikal ausgesprochen, doch richtet sich unser Betragen immer wieder danach, nämlich dann, wenn wir Mitmenschen in Not nicht helfen und uns dafür mit Habe bereichern und das Haben zum Ziel unseres Handelns wird. Dann wird der Überschritt in die Liebe blockiert. Dann haben wir die anderen nur noch gern. Wir begehren sie, weil sie uns aus irgendeinem Grunde gefallen. Gern haben und lieben sind zwei ganz verschiedene Einstellungen zum Mitmenschen. Wer einen anderen nur gern hat, begehrt ihn als Bereicherung seiner selbst, wer liebt, will den anderen bereichern.

Wahre Liebe ist nur Gott gegenüber möglich, da er die Quelle des Lebens ist und als unser Schöpfer will, dass wir leben. Wenn wir ihm unser Leben in Liebe hingeben, wird es in seiner Liebe aufgehoben. Wer Gott liebt, gewinnt und erfährt sein Leben als Gabe der Liebe Gottes.

Eingeordnet in die Liebe zu Gott können und sollen wir alle Menschen lieben, da sie alle als sein Abbild Personen und damit authentische Empfänger der Liebe sind. Wir können sogar jene lieben, die wir nicht gern haben, selbst unsere Feinde. Wir sollen ihre Rechte achten und mit ihnen Rechte teilen. Das Hauptgebot und Ziel unseres Lebens heisst deshalb: «Du sollst Gott lieben mit deinem ganzen Herzen, mit deiner ganzen Seele und mit deiner ganzen Vernunft und deinen Nächsten wie dich selbst.»

In diesem Rahmen kann sich, soll sich die Liebe auch auf die Tiere, die Pflanzen und auf die ganze Schöpfung ausdehnen. Allerdings können wir das nicht im Sinne der Liebesromantiker tun, die all das um ihrer selbst willen lieben wollen und deren Kraft nur zu einem Gern-Haben reicht. Wir sollen alles lieben, weil es ein Liebeserweis von Gott oder von den Mitmenschen ist. Wo Gott ist, da ist Liebe, und wo Liebe ist, da ist Gott. In dieser Weise hat Franziskus im Sonnengesang die Welt gesehen. Es besteht ein wesentlicher Unterschied, ob wir die Welt in Gott sehen und Gottes Gegenwart erspüren oder ob wir die Welt und die Natur als ein angenehmes Erlebnis vergöttern.

Es mag einige merkwürdig berühren, wenn die Liebe so kalt im Zusammenhang mit dem Recht dargestellt wird. Man erwartet etwas mehr Begeisterung und Wärme. Da die Liebe nicht bloss eine Lebensäusserung, sondern eine Lebensentäusserung, die Existenz des Lebens, Hingabe des Lebens ist, ist jede Liebestat auch eine Ekstase. Poeten und Künstler stellen vor allem diesen Charakter der Liebe dar.

Christus sagt sehr nüchtern: «Wer meine Gebote hat und sie hält, der ist es, der mich liebt» (Joh 14,21). Seine Gebote beinhalten die Rechtsansprüche Gottes auf uns.

Rechte, Pflichten und Liebe bilden eine Dreiheit. Die Rechte schützen die Eigenständigkeit und Würde der Personen, die Pflichten regeln die gegenseitige Verantwortung der Personen und die Liebe bildet die Einheit der Personen. Man kann diese drei nicht von-

einander trennen. Rechte und Pflichten erhalten ihre Kraft erst durch die Liebe, und diese zeigt sich darin, dass man Rechte und Pflichten achtet.
Liebe ist etwas wie ein Überrecht, der Ort, in dem das Recht seine richtige Ausgestaltung finden kann. Das soll nicht heissen, sie sei ein Ersatz für Recht. Es ist immer falsch, in einer paternalistischen Mentalität ungerecht tiefe Löhne zu bezahlen und dafür «Liebeswerke» zu erweisen. Ebenfalls wäre es falsch zu sagen, die Ehe hätte nichts mit Rechten zu tun. Eheliches Zusammenleben ist einerseits mehr, als nur auf Grund eines Vertrages Rechte und Pflichten zu achten, denn in der Ehe nehmen sich Mann und Frau als Person ganz an und schenken sich als Personen. Sie ist eine Gemeinschaft echter Liebe. Weil sie das ist, bilden die Ansprüche der Partner auf personale Würde und Geborgenheit auch Rechte, die geschützt werden müssen. Es ist deshalb falsch, die Gemeinschaft der Liebe gegen die rechtliche Institution auszuspielen. Wenn eine rechtsfreie Liebe in Konkubinaten das Recht ersetzen soll, verkümmert die Liebe selbst. Wie oft wird, weil das Recht vernachlässigt wird, die freie Liebe zu einem Brutofen von Eifersucht und Hass. Liebe, die sich nicht um Rechte kümmert, verkümmert. Sie wird ein blosses Gern-Haben, ein Rückfall des Lebens. Wenn wir die Liebe ein Überrecht nennen, wollen wir sagen, dass sie den Rechten und Pflichten den Raum für ihre richtige Entfaltung und Darstellung gibt. Die Liebe ist also kein Ersatz für das Recht, sondern setzt es.
Die Liebe beginnt damit, dass ein Mensch dem anderen dessen Rechte zugesteht. Diese Liebesgabe hat Vorrang vor jeder anderen Gabe und muss unser Verhalten in jeder Gemeinschaft, bei jedem Geben und Nehmen bestimmen. Erst wo dieses Fundament gelegt ist, werden selbst ungeschuldete Gaben einen

Sinn haben und das Leben so richtig reich und schön machen.

Allzuoft hat man in der Pädagogik und in der Moral in einseitiger Weise als Massstab für ein richtiges Verhalten die Frage gestellt: «Hilft das deiner Selbstverwirklichung oder deiner (subjektiven) Heiligkeit?» Zu wenig hat man von den Rechten der anderen geredet, die wir zu achten haben, ob es uns passt oder nicht. Wir müssen aber vor allem fragen: Achten wir durch unser Benehmen die Würde und die Rechte des anderen? Denken wir genügend an ihre Rechte? Wir überlegen zum Beispiel so: Wir lügen nicht, damit wir vor uns selbst bestehen können, damit wir keine Lügner sind, damit wir die Tugend der Wahrhaftigkeit erwerben. Das ist aber nur ein Teilgrund dafür, dass wir nicht lügen sollen. Wir sollen nicht lügen, weil der andere ein Recht auf Wahrheit hat und Gott ein Recht auf uns. Wer diesen Anspruch des anderen achtet, handelt aus Liebe.

Liebe achtet und schenkt Rechte. Sie sucht nicht nur eine Übereinstimmung von Rechten, sie vereint Personen, die Rechtsträger sind, dadurch, dass sie ihre Rechte anerkennen. Damit entsteht echte Gemeinschaft. Und wenn wir Menschen unsere Rechtsansprüche Gott anheimstellen, finden wir jene Gemeinschaft, die uns bleibende Geborgenheit, ewiges Leben gibt.

Frühere Lebewesen im Aufstieg des Lebens hatten die Aufgabe, Funktionen wie Gehen, Atmen, Sehen, Hören usw. auszubilden. Uns Menschen ist aufgegeben, durch die richtige und bewusste Handhabung der Rechte und Pflichten Gemeinschaft zu bilden. Das führt die Lebensbewegung zu jenem Punkt, wo sie die Existenzweise der Liebe erreicht, die jenseits und über dem Zerfall durch die Entropie steht. Das Ziel der Lebensbewegung wird dann erreicht.

Es ist nun überflüssig zu fragen, ob die Evolution des Lebens noch weiter gehe, nachdem beim Menschen der Überstieg in die Existenzweise der Liebe stattfindet. Wir müssen nicht nach einem Supermenschen suchen. Für eine solche Weiterentwicklung besteht kein Bedürfnis. Wozu sollen Supermenschen dienen? Sind die Träume von einem Supermenschen etwa in Werken der Science-fiction nicht eine Flucht vor der Liebe? Ist der Mensch nicht jetzt schon zu einer Ganz-Hingabe an Gott befähigt? Mehr kann einfach nicht geschehen.

Auch die Frage, ob eine bessere Welt möglich sei, erübrigt sich. Mehr als in der Liebe zu existieren, kann die beste Welt nicht hergeben. Wir könnten höchstens fragen, ob nicht ein leichterer Weg zu diesem Ziel hin möglich wäre, aber kennen wir die Höhen, in die Gott uns führen will? Zudem ergeben sich aus der Tatsache, dass Christus uns zur Teilnahme am Leben Gottes ruft und uns dahin führen will, ganz andere Massstäbe für die Qualität des Lebens, als sie die Wissenschaft geben kann. In diesen Horizonten, die sich in der Liebe Gottes öffnen, sind Texte wie der folgende möglich und richtig:
«Erkenne, dass du zur Ehre Gottes und zu deinem ewigen Heil erschaffen bist, dass dies dein Ziel ist, dies die Mitte deiner Seele, der Schatz deines Herzens. Wenn du an dieses Ziel gelangst, bist du selig; unglücklich aber, wenn du es verfehlst. Darum halte alles für gut, was dich deinem Ziel näher bringt, für schlecht, was dich am Ziel vorbeiführt. Glück und Unglück, Reichtum und Armut, Gesundheit und Krankheit sind nach der Auffassung der Weisen an und für sich weder zu begehren noch zu fliehen. Vielmehr, wenn sie zur Ehre Gottes und zu deinem Glück beitragen, sind sie gut und zu begehren. Sind

sie dem aber im Weg, dann sind sie schlecht, und wir sollen sie fliehen» (Robert Bellarmin).
Auch solche Aussagen über das Leben, die wir in ähnlicher Form bei vielen Heiligen finden können, gehören zur Lehre über das Leben und zeigen den Weg zu seiner Vollendung hin. Wenn man diese Sichten unterschlägt, zeigt man nur ein Torso der Lebensbewegung, wie das immer wieder geschieht. Die Sichten der Heiligen stehen in keiner Weise in einem Gegensatz zu den Einsichten der Wissenschaften, sie führen das Wissen um das Leben aber weiter, sie zeigen das Ziel und den Sinn der ganzen Lebensbewegung. Wenn diese Sichten unterschlagen werden, befindet sich das Wissen um die Lebensvorgänge in einem Sinnvakuum und es entstehen notwendigerweise pseudowissenschaftliche und pseudoreligiöse Lehren über das Leben.

ZWEI ARTEN VON GERECHTIGKEIT

Die Tauschgerechtigkeit

Die Bildung von Gemeinschaft, die dem Menschen als Aufgabe zur Vollendung der Lebensbewegung aufgegeben wurde, scheiterte. Sie wurde durch die Sünde verunmöglicht. Die Sünde bestand darin: Der Mensch entschied, das Leben solle nicht der Verherrlichung Gottes dienen, sondern der Verherrlichung des Menschen selbst. Am Anfang ihrer Geschichte wollten die Menschen selber befinden, was dem Leben diene und was nicht, selber bestimmen, was gut und was böse sei. Sie wollten das Leben in eigene Regie nehmen. Sie wollten essen, was sie selber wünschten, herausgelöst aus der Liebe zu Gott. Auf diese Weise verliessen sie die

Grundlage und die Quelle allen Lebens, nämlich die Liebe Gottes.
Da sprach Gott: «Siehe, der Mensch ist geworden wie einer von uns, so dass er Gutes und Böses erkennt.» «Dass er aber nun nicht seine Hand ausstrecke und auch vom Baume des Lebens nehme und esse und ewig lebe, darum entfernte ihn Jahwe Gott aus dem Garten Eden, damit er den Erdboden bearbeite, von dem er genommen ist. Und als er den Menschen vertrieben hatte, stellte er östlich vom Garten Eden die Kerube auf und das zuckende Flammenschwert, damit sie den Weg zum Baume des Lebens bewachen» (Gen 2,22–24).
Seine Verselbständigung, durch die er den Willen Gottes ablehnte, beschloss der Mensch in einem freien Entscheid. Freie Entscheide wie auch die Folgen freier Entscheidungen aber müssen ihre Geltung haben. Sonst hätte die Entscheidungsfähigkeit einer Person keine Gültigkeit. Und weil die freien Entscheide in ihren Folgen Geltung haben, werden sie rechtskräftig und geschichtsträchtig. Und so wurde die Sünde der Menschen rechtskräftig und machte Geschichte. Es entsteht nun eine neue Situation, die folgende Merkmale aufweist:

1. Da dem Leben seine Ausrichtung auf Gott, der seine Quelle, sein Ziel und seine Rechtfertigung ist, fehlt, zerfällt es. Da die Beziehung zu Gott nicht angenommen wurde, existiert der Mensch nicht mehr in der Liebe und fällt ins blosse Dasein zurück. Die Vollmacht zu sein wird steril. Der Mensch erfährt sich nun als Sterbender, als jemand, dessen Leben in der Raumzeit aufgelöst wird. Er hat nicht die Kraft, sich selbst am Leben zu erhalten. Der Aufstieg der Lebensbewegung scheitert.

2. Die Freude am Leben vergeht und an deren Stelle tritt Angst und Verzweiflung. Zugleich aber lebt im Menschen die Hoffnung, dass er irgendwie aus dem Tod befreit werde.
3. Die Angst und die Verzweiflung haben ihren Grund in der Todesverfallenheit. In diesem Zustand suchen die Menschen, den Zerfall und Untergang von sich abzuwenden, und verfallen dabei der Habsucht und Ehrsucht, glaubend, sie könnten mit einer grossen Habe ihr Leben sichern. Jene, die sich mit der Kraft dieser Süchte in der Gesellschaft durchsetzen können, geben sich selbst eine überdimensionierte Wichtigkeit. Das kann so weit führen, dass diese für sich oder für ihre Werke göttliche Verehrung verlangen, wie das bei einigen römischen Kaisern der Fall war oder bei gewissen Parteien noch immer der Fall ist. Die Situation gleicht einem Puzzle, in dem sich die Teile nicht mehr zu einem Ganzen ergänzen, weil sich jedes Teilchen als übergrosse und massgebende Mitte hinstellen will. Diese Unausgeglichenheit führt immer wieder zu Kampfsituationen, die Gesellschaft versinkt in Brutalität, die vor keiner Gewalt, nicht einmal vor Morden und vor Völkermorden einhält.
4. Die Hoffnung schöpft der Mensch aus den Spuren der Liebe, die immer noch da sind. Die Bibel ihrerseits erzieht die Menschen zu dieser Hoffnung. Sie lehrt, dass Gott barmherzig ist. Sie schreibt: «Jahwe ist barmherzig und gnädig, zögernd im Zorn und reich an Erbarmen» (Ps 103,8). «Gleich wie ein Vater sich der Kinder erbarmt, so erbarmt sich Jahwe über alle, die ihn fürchten» (Ps 103,13). Und da Jahwe als barmherziger Gott erkannt wird, betet der Psalmist voll Optimismus: «Nicht dem Totenreiche gibst du meine Seele anheim, deinen

Heiligen lässt du nicht Verwesung schauen. Den Weg des Lebens lässt du mich schauen» (Ps 116,10–11). Diese Hoffnung gibt dem Menschen Kraft, eine Lebensordnung zu schaffen, die Zeugnis für seine Hoffnung auf ein Leben in der Liebe gibt.

5. Doch wahre Liebe ist nicht mehr möglich. Da wir sterben müssen, können wir uns keiner anderen Person unwiderruflich zur Verfügung stellen. Wir können ja nichts Bleibendes schenken. Gott dürfen wir eigentlich gar nicht mehr lieben, ohne seine Heiligkeit zu beleidigen. Es gebührt sich doch nicht, ihm verwelkendes Leben anzubieten. Liebe will Endgültigkeit und Ewigkeit. Selbst wenn ein Mensch in dieser Situation die Rechte Gottes und seine Pflichten Gott gegenüber anerkennt und danach lebt, wird er Gott nicht mehr gerecht, denn Gott will Liebe, und diese erweist sich als unmöglich. Die Liebe den Mitmenschen gegenüber scheitert auch. So muss sich der Mensch damit begnügen, mit den anderen auf der Ebene der Toleranz zusammenzuleben.
6. Nun muss der zu wahrer Liebe unfähige, vom Fall in die Brutalität bedrohte und dennoch hoffende Mensch eine Form des Zusammenlebens finden, die einen Aufschub des Untergangs und eine Zeit der Erwartung auf Gottes Eingreifen gewährt.

Diese Lebensordnung ist die Ordnung der Tauschgerechtigkeit.

Diese Art der Gerechtigkeit hat folgende Merkmale: Die Menschen müssen miteinander eine Gesellschaft bilden, denn sie brauchen einander, um ihr Leben durch die Nutzung der Natur unterhalten zu können. Da müssen nun die Pflichten und Rechte der Einzelnen so geordnet werden, dass die Einzelnen mög-

lichst keinen Wertverlust ihrer Lebensqualität erleiden und die Hoffnung auf eine Erlösung aus der jetzigen Not wach bleibt.
Die Rechte der Mitglieder der Gesellschaft müssen in Übereinstimmung gebracht werden, so dass alle leben können. Die Liebe ist nicht mehr stark genug, diese Übereinstimmung herbeizuführen, so gilt nun das Gesetz des Tauschens. Gleichgewicht der Macht, Gegenseitigkeit von Leistungen, Marktgesetze, die den Austausch von Gütern regeln, sind Programme dieser Ordnung. Das Leben wird durch ein ausgleichendes Tauschen geordnet.
Gleiches muss mit Gleichem vergolten werden, Gutes mit Gutem, Schlechtes mit Schlechtem. Das Gute wird belohnt. Das regt an, mehr Gutes zu tun. Das Schlechte wird bestraft. Das schreckt vor dem Bösen ab. Lohn und Strafe, Zucker und Peitsche schaffen eine gewisse Ordnung. Ihr Symbol ist das Geld.

7. Der Sinn der Ordnung der Tauschgerechtigkeit ist aber nicht das blosse Funktionieren der Gesellschaft und des Staates. Diese Ordnung besteht ja dank der im Menschen lebenden Hoffnung und soll den Menschen für eine Befreiung aus seiner Not wachhalten. Würde diese Hoffnung nicht dasein, dann wäre jedes Weiterleben sinnlos. Deshalb ist auch der Staat kein Selbstzweck, sein Sinn ist derselbe wie der der Tauschgerechtigkeit selbst, nämlich den Menschen ein Leben zu ermöglichen, das nicht in die Brutalität abgleitet und das Hoffen ermöglicht. Das ist auch der Sinn des Zusammenlebens der vielen Staaten, der Friedensbemühungen, der Entwicklungshilfe.

Die Ordnung der Tauschgerechtigkeit schützt aber den Menschen nicht vor seiner tiefsten Not, vor dem Sterben. Da liegt die unüberwindliche Grenze für jede Tauschgerechtigkeit, da kann sie keine Gebor-

genheit geben. Die Tauschgerechtigkeit kann deshalb nur ein Provisorium sein.
Gibt es einen Weg hinaus aus dieser Welt der Tauschgerechtigkeit? Kann jemand wieder wahre Gerechtigkeit bringen, die den Menschen ermöglicht, die Rechtsansprüche Gottes und der Mitmenschen liebend und freudig anzuerkennen und so zu einer Gemeinschaft zu gelangen, die ewigen Bestand hat? Oder bleibt jetzt das Leben für immer ein Versprechen, das sich nicht hält?

Die Gerechtigkeit Gottes

a. Die Aufgabe: Die Menschen haben sich aus eigenem Entschluss von Gott abgewandt. Als Folge kann sein Leben nicht mehr bestehen. Der Mensch stirbt, er fällt zurück in das blosse Dasein.

Dem Menschen geschieht Gerechtigkeit, wenn er stirbt. Er hat zwar kein Recht zu sterben, denn für etwas Negatives gibt es kein Recht, aber er hat ein Recht auf die Gültigkeit seiner Entscheidungen. Diese Gültigkeit ist ein positives Gut, denn sie ermöglicht die Liebe. Als Folge aber der Entscheidung, sich von Gott, dem Quell des Lebens, abzuwenden, wirkt sich diese Gültigkeit negativ aus. Sie schafft eine Lüge, eine Ungerechtigkeit, nämlich die Anmassung, der Mensch gäbe sich selbst sein Leben und er könne selber befinden, was gut und was böse für das Leben sei. Leben aber, das der Mensch in seine eigene Regie nimmt, das er unabhängig von Gott leben will, hat keine Quelle und kein Ziel mehr und trocknet aus – das Sterben setzt ein. So wird die Gültigkeit menschlicher Entscheidungen gewahrt, doch das Leben der Menschen verfällt dem Tod und der ganze Aufstieg des Lebens in dieser Welt verliert seinen Sinn und seinen Zweck.

Gott achtet die Ergebnisse unserer freien Entscheidungen. Würde er die Gültigkeit und die Folgen unserer freien Entscheidungen aufheben, dann würde er sein eigenes Werk zerstören. Mit der Sünde hat sich der Mensch für den Tod entschieden. Die Gerechtigkeit des Menschen verlangt nun, dass er sterbe.

Gottes Gerechtigkeit dagegen verlangt, dass der Mensch lebe. Er hat den Menschen geschaffen, damit er lebe. Gott hat ein Recht darauf, dass sein Ratschluss verwirklicht werde.

Die Ordnung aber, die der Mensch durch seine Sünde geschaffen hat, macht das unmöglich. Ein Toter lebt nicht. Zwei Ordnungen der Gerechtigkeit stehen zueinander im Widerspruch.

Diese sich widersprechenden Rechtsordnungen müssen nun versöhnt werden. Das kann nicht durch einen Kompromiss geschehen, in dem beide Partner im Sinne der Tauschgerechtigkeit etwas Recht erhalten. Der Ursprung aller übrigen Rechte ist Gottes Gerechtigkeit. Deshalb muss jeder andere Rechtsanspruch in seine Rechtsansprüche einfliessen und aufgenommen werden, dabei aber auch seine eigene Erfüllung finden. Das gilt auch für die von uns bewirkte Ordnung der Tauschgerechtigkeit.

Gottes Gerechtigkeit verlangt auch nach unserer Liebe. Er sucht Herzen, die seine Liebe beantworten. Die Ablehnung der Rechte und Ansprüche Gottes ist deshalb mehr als nur eine Ablehnung einer von ihm festgesetzten Rechtsordnung, sie ist eine Rückweisung seiner Liebe. Gott wird als Liebender abgelehnt, er wird als Person beleidigt. Diese nicht beachtete, verachtete und abgelehnte Liebe verlangt nach Wiedergutmachung, nach Sühne. Sühne muss Gottes Liebe wieder zur Geltung bringen. Aber was könnte Sühne sein, wo wir nicht mehr liebesfähig sind?

Die menschliche Tauschgerechtigkeit muss also in der Gerechtigkeit Gottes aufgehoben werden und es muss Sühne geleistet werden. Wie das möglicherweise geschehen könnte, können wir von uns aus nicht sehen. Religionen mancher Art bemühten sich aufrichtig, für diese Aufgabe eine Lösung zu finden, blieben aber immer im Ungewissen oder flohen in Ideologien.

b. Die Lösung: Die zweite Person Gottes, der Sohn, nahm ein menschliches Leben an. Diese eine Person lebt nun als Gott und als Mensch und vertritt als eine Person die beiden sich widersprechenden Rechtsordnungen. Der Zwiespalt zwischen den beiden Rechtsordnungen sowie deren Versöhnung wird sein persönliches Schicksal.

Für sein menschliches Leben wählte er Maria als Mutter und Josef als Pflegevater. Maria war als Tochter einer jüdischen Familie, wie auch Josef, geprägt von der jüdischen Religion.

Auch die Juden lebten nicht mehr im Paradies. Auch die Juden mussten im Schweisse ihres Angesichts ihr Brot essen, bis sie wieder zum Erdboden zurückkehrten. Das Leben dieses Volkes war auch von einem System der Tauschgerechtigkeit geregelt. Es galt das Gesetz, dass Gleiches mit Gleichem vergolten werden sollte, im positiven und im negativen Sinn.

Die Tauschgerechtigkeit hatte aber nicht mehr eine absolute Geltung, denn die Juden bekannten, dass Gott, der Schöpfer aller Dinge, der Eigentümer der Welt, in die Geschichte eingreift. Dieser Gott ist nicht an die Regeln der Tauschgerechtigkeit gebunden. Seine immer bleibende Liebe zeigt er nun durch seine Barmherzigkeit. «Jahwe ist ein barmherziger und gnädiger Gott, langmütig und reich an Huld und Treue» (Ex 34,6). Die Juden machten die Erfahrung, dass es besser ist, in die Hände des barmherzigen Jahwe zu fallen als in die Hände der Menschen (vgl. 2 Sam 24,14), dass es besser ist, die Gerechtigkeit Gottes als die Gerechtigkeit der Menschen anzunehmen. Gerecht ist jener, der glaubend dem Anspruch Gottes auf unsere Liebe zu entsprechen sucht. Der Gerechte will Geborgenheit für sein Leben durch eine glaubende Hingabe an Gott finden, indem er seinen Willen erfüllt. Dieses Ideal wurde von Maria in vollkommener Weise verwirklicht.

Maria hat durch ihr Wort «Siehe, ich bin eine Magd des Herrn, mir geschehe nach deinem Wort» das Ideal der jüdischen Religion vollkommen verwirklicht. Sie gab sich ganz Gott hin, indem sie seinen Willen ohne jeden Vorbehalt annahm. Dadurch wurde sie geeignet, Jesus, dem Sohn Gottes, Mutter zu sein und ihm menschliches Leben zu geben.

Jesus war als Mensch in allem uns gleich, ausser dass er selbst keine Sünde beging. Aber er solidarisierte sich mit uns Sündern, die wir dem Tod verfallen sind. Er konnte unser Leben nicht mit uns teilen, ohne selbst von der durch die Sünde geprägten Struktur der Gesellschaft betroffen zu sein. Schon ein alltäglicher Gruss stellte Gemeinschaft mit den Begrüssten her, die Sünder und Sterbende waren. Beim Einkauf von Nahrungsmitteln und Kleidern, bei der Benützung der Strassen, der Wasserversorgung usw. profitierte er von Werken der Menschen. Er machte sich Werke zu Nutze, die von Sklaven mit ihrem Schweiss und in ihrer Verzweiflung geschaffen worden waren. Er lebte von der Tauschgerechtigkeit der Menschen. Er war ein Mitglied der Gesellschaft der Menschen und damit ihren Gesetzen unterstellt. Er hatte Anteil an ihrer Situation. Deshalb stand auch Jesus unter ihrem Gesetz, und nach diesem Gesetz musste er sterben (Gal 4,4; Joh 19,7). Und Jesus starb gemäss die-

sem Gesetz und erfüllte so die Forderungen der menschlichen Gerechtigkeit.
Und doch besteht ein wesentlicher Unterschied zur Situation aller anderen Menschen. Wir stehen unter dem Gesetz der Tauschgerechtigkeit, weil wir Sünder sind. Jesus steht unter diesem Gesetz, weil er den himmlischen Vater und dessen Werk, die Menschen, liebte. Aus Liebe zum Vater anerkannte er die vom Vater geschaffene Würde und Gültigkeit menschlicher Entscheidungen und nahm deshalb die Folgen auch der menschlichen Fehlentscheidungen und Sünden auf sich. Er starb, weil er liebte. Weil Jesus Christus den Tod aus Liebe annahm, war der Tod für ihn nicht ein blosses Schicksal, er war ein Liebeserweis. Sein Tod war nicht ein Ergebnis eines Neins zur Gerechtigkeit Gottes, er war das Ergebnis einer Zustimmung. Er ergab sich nicht aus einer Ablehnung des Willens Gottes, sondern aus der Bejahung dieses Willens. Wer aber den Willen Gottes annimmt, der nimmt Leben an, denn Gott will, dass wir leben. Deshalb hatte der Tod keine Macht über ihn, Jesus stand von den Toten wieder auf. Er verfügte über den Tod und nicht der Tod über ihn. Er hat die Tauschgerechtigkeit verschlungen. Zugleich hat er das Recht Gottes, dass wir leben, zur Geltung gebracht. Er sagt deshalb von sich: «Deshalb liebt mich der Vater, weil ich mein Leben hingebe, um es wieder zu nehmen. Niemand nimmt es mir, sondern ich gebe es freiwillig hin. Ich habe die Vollmacht, es hinzugeben, und ich habe die Vollmacht, es wieder zu nehmen. Diesen Auftrag habe ich vom Vater erhalten» (Joh 10,17–18).
Eine solche Vollmacht ist etwas Neues, etwas, das bisher kein Lebewesen hatte. Sie ist die Macht der Auferstehung, die von nun an zum Leben der Welt gehört. Dank dieser Macht ist Jesus wieder von den Toten auf-

erstanden und hat die Aufgabe, die zwei Rechtsordnungen in Übereinstimmung zu bringen, gelöst.
Der Tod erhält jetzt im Leben der Menschen einen neuen Stellenwert. Er ist nicht mehr bloss die Besiegelung der Tauschgerechtigkeit, sondern der Eingang in die Gerechtigkeit Gottes. Die durch die Sünde verleugnete Beziehung zu Gott ist wieder freigelegt. Diese Beziehung hat zudem eine neue Qualität erhalten, die sie ursprünglich nicht hatte: Sie kann durch keinen Tod mehr zerstört werden. Der Tod ist als Ausdruck der Liebe ins Leben eingebaut. Daher entsteht nun eine neue Rechtsordnung: Die Tauschgerechtigkeit ist aufgehoben, Gottes Gerechtigkeit kommt zur Geltung. Der Sinn und der Zweck der Tauschgerechtigkeit aber wird erfüllt, nämlich die Hoffnung auf Rettung vor dem Untergang, auf die Endgültigkeit des Lebens.
Das Wort «Recht» ist uns geläufig als Bezeichnung eines zu beschützenden und zu verteidigenden Anspruches in der Ordnung der Tauschgerechtigkeit. Darum wirkt es ein bisschen ungewohnt, Recht vor allem als ein Anspruch Gottes auf die Auswirkungen seines Ratschlusses zu verstehen, der keine Gegner kennt und sich als Liebe Gottes zu den Menschen und der Menschen zu Gott darstellt. Da gibt es nichts mehr zu verteidigen. Recht ist jetzt die Macht und Freiheit Gottes, seine Ratschlüsse durchzuführen, und die Vollmacht und Freiheit der Menschen, dank der Macht der Auferstehung Gottes Ratschlüssen zu entsprechen.
Der Tod ist besiegt, deshalb ist die Liebe kein leeres und trügerisches Versprechen mehr, sondern eine unumstössliche Wirklichkeit. Im Paradies, im ursprünglichen Zustand des Menschen, war der Tod eine Möglichkeit, die Wirklichkeit der Liebe und des Lebens zu zerstören, jetzt ist der Tod eine Wirklichkeit, die eine grössere Liebe ermöglicht.

Jesus lässt jetzt die Liebe Gottes auch im Dunkel der Sünde aufleuchten und offenbart uns das Leben des dreifaltigen Gottes, der sich ganz hingibt und ganz annimmt und ganz Hingabe ist und uns in sein Leben aufnehmen will. Damit leistet er Sühne. Die Beleidigung Gottes, die unsere Sünde war, wurde wieder gutgemacht, weil sie dazu führte, dass Gottes Liebe noch mehr offenbar wurde, indem er uns das Geheimnis seines Lebens und seiner Liebe, sein Dreifaltigsein, offenbarte. Diese Offenbarung dient ja nicht dazu, bloss unser Wissen zu bereichern, sie ist wesentlich eine Einladung, an diesem Leben teilzunehmen. Jetzt ist der Weg für das Leben der Welt zu seiner Vollendung hin wieder offen. Das neue Recht, die neue Gerechtigkeit werden jetzt geschichtsbestimmend.

NEUANFANG ODER WEITERFÜHRUNG?

Ist die Auferstehung Jesu Christi und die Macht der Auferstehung, die er denen gibt, die ihm glauben, eine Qualität der Lebensbewegung selbst oder etwas von aussen Dazukommendes?
Die Qualität der Lebewesen entstammt den Beziehungen, die ihnen von oben gegeben sind und in die hinein sich die Lebewesen entfalten. Dem Menschen war schon immer eine Beziehung zu Gott gegeben, die er in Freiheit annehmen oder ablehnen konnte. Diese Beziehung hob ihn über Raum und Zeit hinaus und gab ihm Unsterblichkeit. Die Unsterblichkeit des Menschen ist deshalb eine Qualität des Lebens. Wenn immer jemand sich aus Liebe Gott hingibt und er von Gott angenommen wird, wird er unsterblich, denn Gott ist unsterblich.
Diese Hingabe hat der Mensch aber abgelehnt, und so verfiel er dem Tod. Doch in der Zeit des Sterbens, die

wir jetzt Menschenleben nennen, blieb dem Menschen die Freiheit, sich bittend an Gott zu wenden. In dieser Bitte ist zwar noch ein Ansatz einer Hingabe enthalten, doch ist er unfruchtbar. Wohl hält er noch die Hände hin, doch sie sind leer. Die Freiheit, sich Gott hingeben zu dürfen, ist verloren. Doch bleibt die Freiheit, die leeren Hände zu Gott hin zu öffnen und in der Begegnung mit Christus ihm Glauben zu schenken. Dieser Glaube erhält dadurch, dass Christus ihn annimmt, die Kraft, neue Freiheit zu empfangen, nämlich die Freiheit, mit Christus in das Leben Gottes selbst einzutreten und daran teilzuhaben.
Nachdem sie gegeben wurde, gehört die Macht der Auferstehung zur Geschichte der Menschen, zur Evolution. Sie verhält sich wie ein Geschenk, das man unverdient erhält und das, wenn man es annimmt, zum Besitz wird. So wird die Macht der Auferstehung dann, wenn wir Christus Glauben schenken, ein Ereignis der Lebensbewegung. Was vorher nicht war, ist jetzt ein Schritt der Lebensgeschichte. Diese Macht der Auferstehung prägt nun die ganze Lebensbewegung und wirkt sich auf die ganze Schöpfung aus. Auch die ganze Schöpfung nimmt teil an der Auferstehung. So konnte Paulus schreiben: «Auch die Schöpfung soll von der Sklaverei und Verlorenheit befreit werden zur Freiheit und Herrlichkeit der Kinder Gottes. Denn wir wissen, dass die gesamte Schöpfung bis zum heutigen Tag seufzt und in Geburtswehen liegt» (Röm 8,21–22). Die Macht der Auferstehung ist nun eine Qualität des Lebens, sie existiert als die ihr innewohnende, sie belebende, wirksame Hoffnung, aus der das Leben Sinn und Ziel erhält. Wie der Regen in die trockene Erde versickert und diese nun als feuchte Erde fruchtbar wird, so senkt sich die Hoffnung in die Natur und macht sie fruchtbar.

Diese Hoffnung ist jene Macht in der Natur, die nicht nur zu ihrer Geschichte gehört, sondern Geschichte macht. Sie bewegt die Natur dazu, immer bessere Einheiten zu bilden und den Menschen zu suchen, der ein Kind Gottes werden darf. Sie ist die eigentliche Wirkursache der Lebensbewegung. Das Streben nach einer unauflöslichen Einheit, das wir in der Evolution erkennen, zeigt sich nun als Hoffnung.
Wir dürfen das Vorhandensein dieser Hoffnung nicht übersehen, sonst müssen wir alle möglichen Theorien über die tiefste Wirkursache der Evolution ausdenken, die sich doch nicht bewähren. Es gibt Erklärungen, die geradezu vernunftwidrig sind. So etwa, wenn man die Aussagemöglichkeiten der Naturwissenschaften überbelastet und sagt, alles sei nur Zufall. Andere Erklärungen kann man als Erahnungen dieser Hoffnung erkennen, die aber den innersten Kern der von ihnen gesuchten Wahrheit noch nicht gefunden haben. Diese Hoffnung wird nämlich durch den Glauben an Christus gewonnen.
Die Wissenschaft schenkt mit ihren Einsichten die Gewissheit des Wissens, der Glaube an Jesus Christus schenkt uns die Gewissheit der Hoffnung. Das Wissen ermöglicht uns, Wege zu planen, die Hoffnung gibt uns die Kraft, sie zu gehen. Die Hoffnung führt die Geschichte der Menschen und der Welt weiter zu ihrem Ziel.

DER DURCHBOHRTE

Da die Menschen den Willen Gottes, der will, dass wir leben, nicht angenommen haben, fallen sie durch ihren Tod in ein blosses Dasein zurück. Christus dagegen, der in allem den Willen des Vaters tat, tritt durch seinen Tod in die Fülle des Lebens, in die Liebe ein.

Da Christus den Willen Gottes ganz annahm, nahm er auch sein Werk, den Menschen und die Welt an. Auch er war, wie jeder Mensch, in seinem menschlichen Seinsvollzug eine Zusammenfassung, ein Sein der ganzen Welt. Während aber unser Sein wegen der Sünde steril bleibt, wird in Christus alles zu einem Leben in der Liebe. Er ebnet durch seinen Tod und seine Auferstehung dem Leben der Welt den Zugang zum Raum der Liebe, in dem das Leben eine nicht mehr überbietbare Vollendung finden kann. Dieser Raum ist der Heilige Geist selbst, der das Leben in das unendliche Geben und Nehmen Gottes aufnimmt und es damit von jeder Begrenzung befreit. Da gibt es nichts mehr, was das Leben beschränken und bedrohen könnte.

Als Christus am Kreuz starb, schenkte er seinen Geist, den Heiligen Geist, der Welt. Ein Soldat öffnete mit einer Lanze das Herz Jesu Christi. Er wollte sicher machen, dass dieser Jesus tot sei, dass er wieder ins blosse Dasein zurückgefallen sei. Da floss aus seinem geöffneten Herzen Blut und Wasser. Schon immer haben die Gläubigen verstanden, dass dieses Blut und Wasser Zeichen für die Ausgiessung des Heiligen Geistes sind, den Jesus nun unwiderruflich der Welt mitteilt, um diese zum Leben zu erwecken. Hier beginnt für die Welt das nachösterliche Leben, das dem vorösterlichen Wert und Ziel schenkt.

Hier fliesst die Quelle des Lebens überhaupt. Weil nämlich Christus der Welt den Geist der Liebe schenkt, kann das Leben der Welt als Liebe existieren, es kann sich selbst in die Existenzweise der Liebe übersteigern. Wenn das Leben das nicht tun könnte, wäre für das Leben kein Anlass da, sich zu entfalten. Es würde ihm das Ziel fehlen, das es anregt.

Da Jesus Christus jener ist, der der Welt den Geist der Liebe schenkt, ist er der Ursprung und die Quelle des Lebens.

Die Wissenschaftler reden vom Urknall als Ursprung der Materie und ihrer Bewegungen. Der Urknall ist jenes Ereignis, mit dem das Dasein der materiellen Welt zu erscheinen begann. Die Öffnung des Herzens Jesu Christi ist seinerseits das Ereignis, das das Leben in dieser Welt, seit seinem Beginn, auslöste. Leben nimmt ja seinen Anlass und Bewegungsgrund immer aus der Zukunft. Ziel und Zukunft allen Lebens auf dieser Erde ist die Hingabe an den Vater, durch das es eine Verherrlichung Gottes wird. Diese Hingabe wird im Sterben Christi eine Wirklichkeit. Deshalb ist das geöffnete Herz Jesu Christi die Quelle des Lebens überhaupt.
Mit Recht betet die Kirche im dritten Hochgebet: «Durch deinen Sohn, unseren Herrn Jesus Christus, und in der Kraft des Heiligen Geistes erfüllst du die ganze Schöpfung mit Leben und Gnade.» Es sei noch einmal betont: Es handelt sich da um alles Leben in der Welt, vom schüchternen Anfang bis hin zum Leben des Menschen, bis hin zu seiner Vergöttlichung, denn die ganze Lebensbewegung bildet eine Einheit.
Es war der Heilige Geist, der von Anfang an das Leben in der Welt hervorrief. Obwohl man das vor Jesus Christus noch nicht wusste, betrachteten viele Völker das Leben richtigerweise als etwas Heiliges. Dieses Bewusstsein geht wieder verloren, wenn man das Leben und die Lebensbewegung in der Welt nur noch als Objekt wissenschaftlicher Forschung kennt und nicht auch anerkennend bejaht.
Der Heilige Geist bewirkte auch in Maria das Leben Jesu Christi. Maria empfing vom Heiligen Geist.
Man kann einwenden: Der Tod Jesu Christi und die Öffnung seines Herzens kann doch nicht in der Absicht des Aufstieges des Lebens liegen, kann also kein Ziel sein. Denn das sind ja Folgen der Sünden. Die Sünde aber und deren Folgen müssen als ein

Unfall gesehen werden. Ein Unfall aber ist etwas Unvorhergesehenes und kann deshalb unmöglich ein Ziel bilden.

Sicher ist die Sünde selbst kein Ziel. Sie hat aber den Zugang zum Herzen Gottes freigelegt, wie etwa ein Bergsturz den Zugang zu einem verborgenen Schatz freilegen kann.

Auf diese Weise wurde zudem die ganze Bandbreite möglicher Verwirklichungen der menschlichen Freiheit eingefangen, sogar das Nein zu Gott und zum Leben. Die Sünde und der Tod des Menschen, die letzten Bedrohungen des Lebens, wurden ausgeschaltet. In seinem Bericht über den Tod Jesu Christi am Kreuz schreibt der Evangelist Johannes, nachdem er feierlich beteuert hat, dass er die Wahrheit sage, die prophetischen Worte: «Sie werden auf den schauen, den sie durchbohrt haben.» Wer immer das Leben in dieser Welt betrachtet, als Wissenschaftler, als Poet, als Künstler, als Alltagsmensch, und sich fragt: «Woher kommt dieses Wunder, woher so viel Schönheit?» und auch wer fragt: «Wozu dient das unsägliche Leiden, das wir im Menschenleben finden?», wird beim Hinschauen auf das durchbohrte Herz Jesu Christi die Antwort finden. Wenn wir auf ihn schauen, finden wir das richtige Verhältnis zum Leben, dann erfahren wir es als eine Verherrlichung des Vaters. Wenn wir dem Durchbohrten Glauben schenken, werden wir das Leben begreifen.

Christus gründet die Kirche

Die ersten Empfänger des Heiligen Geistes waren Maria und Johannes, die unter dem Kreuze standen. Zu Maria sprach Christus, auf Johannes weisend: «Frau, siehe, dein Sohn!» und zu Johannes sprach er,

auf Maria weisend: «Siehe, deine Mutter!» (Joh 19,26–27).
Die beiden sollen einander gemäss seinem Willen annehmen. Sie taten das und bildeten nun eine Gemeinschaft, deren Grund und Anlass der Wille Jesu Christi ist. Diese Gemeinschaft wird sich erweitern und alle jene umfassen, die sich dem Glauben Marias anschliessen. Diese Gemeinschaft jener, die sich im Glauben Maria anschliessen, bildet das Herz der kommenden Kirche.

Das innere Wachstum der Kirche

Ein wissender Mensch bezieht seine Kenntnisse aus den eigenen Beobachtungen und Überlegungen. Er verlässt sich auf sich selbst. Ein Mensch, der glaubt, verlässt sich auf die Aussagen anderer. Er macht sich damit von anderen abhängig. Er überlässt die Verantwortung für die Wahrheit einer Aussage einem anderen und damit auch mehr oder weniger seinen Lebensweg.
Auch ein Wissenschaftler muss in seiner Art anderen glauben, denn er kann unmöglich alles selbst nachprüfen. Jedoch muss der andere immer bereit sein, seine Aussage zu beweisen. Volles Glauben anerkennt persönliche Pläne und Haltungen, die man nicht beweisen, sondern nur offenbaren kann.
Das Wissen ermöglicht ein Zusammenleben dadurch, dass alle in der Erkenntnis der Wahrheit übereinstimmen. Diese Übereinstimmung würde erlauben, miteinander zu leben. Ob das gelingt, hängt davon ab, ob alle zur notwendigen Erkenntnis der Wahrheit gelangen. Solches Zusammenleben aber ergäbe nur ein reibungsloses Nebeneinander, aber keine Gemeinschaft.

Das Glauben verbindet die Menschen dadurch, dass sie einander anerkennen und sich einander hingeben und sich dadurch voneinander abhängig machen. Das scheint vielen zu gefährlich zu sein, denn man kann vom anderen vereinnahmt und verraten werden und seine Selbständigkeit verlieren. Anderseits führt allein das Glauben zu einer wahren Gemeinschaft von Menschen, in der sie nicht nur nebeneinander leben. Dürfen wir uns nun Maria und Johannes anschliessen und auch glauben?
Bevor wir jemandem glauben können, muss die Glaubwürdigkeit, Wahrhaftigkeit, Zuständigkeit und Selbstlosigkeit dessen, dem wir glauben, feststehen. Nun aber ist die Glaubwürdigkeit aller Menschen angeschlagen und damit das Glauben blockiert. Da wir nämlich als Sünder auf unsere eigenen Vorteile bedacht sind, ist auf uns kein Verlass. Zudem haben wir alle schon Erwartungen, die andere auf uns setzten, verraten und wissen, wir sind fähig, das wieder zu tun. So begegnen Menschen einander immer mit grossem Misstrauen. In einem Kindergottesdienst fragte ich die Kinder: «Wem dürfen wir glauben?» Ein achtjähriges Kind rief: «Allen.» Ein zehnjähriges korrigierte: «Nein, nicht allen.» Ein zwölfjähriges präzisierte: «Nur den Eltern.» Mit dem Alter und mit der Lebenserfahrung hat sich der Kreis der Glaubwürdigen verengt. Ist das das, was man geistige Reifung nennt? Die Erfahrung zeigt, dass es nicht klug ist, sich einem anderen glaubend anzuvertrauen.
Atheistischer Kommunismus, der von Christus nichts wissen will, betrachtete als Gefangener einer materialistischen Tauschgerechtigkeit folgerichtig jeden Glauben als strafbare Dummheit, die psychiatrisch zu behandeln ist, und will an die Stelle des Glaubens mit Hilfe von Zwangsmethoden eine Einheit des Wissens durchsetzen.

Das Glauben verführt tatsächlich viele Menschen zu jeder Art von Dummheit, zu Fanatismus, zu blinder Gefolgschaft in der Politik, zu Absurditäten jeder Art, wenn man ihnen nur ein New Age verspricht. Weil aber Glauben eine unerlässliche Lebensäusserung ist, weil Glauben notwendig ist, damit die Bewegung des Lebens jene Einheit finden kann, die dem Leben Bestand gibt, wollen und müssen die Menschen trotz der immer wieder gehörten Beteuerung, man wolle nur glauben, was man sehen könne, dennoch glauben. Die Menschen suchen jemanden, dem sie glauben können. Der Wille zu glauben gehört zum Leben, er ist mit dem Leben mitgegeben. Dieses Verlangen kann sogar kommerziell ausgebeutet werden – siehe moderne Jugendreligionen, Astrologen, Horoskope usw.

Die Frage, die sich jeder Mensch stellen muss, heisst nicht: «Will ich glauben oder nicht?», sondern: «Wem darf ich glauben? Wer ist glaubwürdig? Politiker? Wissenschaftler? Manager? Künstler?» Sie alle werben um Gefolgschaft und Applaus. Doch niemand ist da, der ganz glaubwürdig ist, und so ist unser Glaube immer blockiert. Es kommt nicht zur Bildung echter Gemeinschaften, und so kommt die Evolution kurz vor ihrem Ziel, ja in Sicht des Zieles, zum Stillstand. Glaubwürdig ist allein Jesus Christus. Er hat seine Glaubwürdigkeit durch seine Selbstlosigkeit und durch sein Erbarmen, vor allem aber durch seine Hingabe am Kreuz und durch seine Auferstehung offenbart. Seit er auf unserer Erde lebte, haben unzählige Menschen in allen Ländern und in allen Jahrhunderten Zeugnis für ihn abgelegt, indem sie als Glaubende eine Güte und Hingabefähigkeit erlangten, die weit über dem einem Menschen möglichen Masse liegen. Sie geben Zeugnis dafür ab, dass das Glauben an Jesus Christus ihr Leben zur Vollendung führte.

Glauben und Gewissen

Der Glaube an Christus besteht nicht nur darin, dass wir zuverlässige Auskünfte von ihm beziehen würden, um ihn dann stehenzulassen. Die Auskunft, die er gibt, ist er selbst, denn er ist das Wort Gottes. Deshalb sagt er nicht nur: «Wer mir glaubt, wird das Leben erhalten», sondern: «Wer an mich glaubt». Er will, dass wir uns ihm überantworten, uns auf ihn verlassen, um so Anteil an seiner Macht der Auferstehung zu erhalten. Wir beziehen von ihm nicht irgendeine uns sonst unzugängliche Wahrheit, um dann über diese zu verfügen, wir nehmen ihn selbst als Mitte unseres Lebens an. Wenn wir ihm glauben, treten wir in seine Welt ein, wir gehorchen ihm. Paulus spricht deshalb öfters nicht vom Glauben, sondern vom Glaubensgehorsam, in den er (Paulus) die Menschen führen müsse (vgl. Röm 1,5).
Manchen scheint ein Glaubensgehorsam mit der Forderung, jeder müsse vor allem seinem Gewissen gehorchen, unvereinbar zu sein. Die Kirche, die einerseits absolute Treue zum Gewissen verlangt, anderseits den Glaubensgehorsam, scheint sich selbst zu widersprechen. Die letztentscheidende Instanz für unser Handeln ist ja unser Gewissen. So meinen einige, sie stünden vor der Wahl, entweder nach ihrem Glauben oder dann nach ihrem Gewissen handeln zu müssen. Ist das wirklich eine Wahl? Das Gewissen ist die innerste Mitte des Menschen, wo er Gott hört, der ihm sagt: «Tu das Gute, lass das Schlechte. Liebe Gott und liebe den Nächsten.» Gut ist das, was das Leben fördert oder stärkt. Das Gewis-

sen aber sagt nicht, wie das konkret geschehen soll. Dieses Wissen erwirbt sich der Mensch durch seine Erziehung und durch seine Erfahrung. Das Gewissen paart sich mit dem, was der Mensch durch seine Erfahrung als gut erkennt. Das ergibt das gebildete Gewissen. Dadurch entstehen Werturteile, nach denen sich das Tun der Menschen ausrichtet. Nach diesen Werturteilen zu handeln ist uns geboten.

Im Evangelium können wir nun beobachten, dass Christus seine Jünger mehrmals von den Werturteilen, die sie aus ihrer Erziehung und Erfahrung gewonnen haben, ablöst. Er verlangt scheinbar «Unvernünftiges». In Kana sollen sie unzählige Eimer voll Wasser herschleppen, wo doch Wein benötigt wird. Am See Genesareth verlangt er von Berufsfischern, sie sollen ihre Netze am hellen Nachmittag auswerfen. Sollen sie sich in den Augen der anderen lächerlich machen? Er verlangt, dass man mit fünf Broten und zwei Fischen 5000 Männer speise. Er verlangt, dass man das Grab von Lazarus vier Tage nach der Bestattung öffne, wo er doch schon ganz bedenklich riecht. Christus wollte damit erreichen, dass die Jünger erfahren, dass es gegen jede andere Erfahrung gut ist, ihm Glauben zu schenken. Ihr Gewissen, das sagt, tue das Gute, paart sich nun mit dem Glauben an Jesus Christus und bildet Glaubensurteile, die jetzt ihr Leben bestimmen. Die Apostel glauben nicht an Ideen, nicht an irgendeine Weltanschauung, sondern an die Person Jesus Christus, an seine Vollmacht und an seine Güte, und geben ihm sozusagen eine Blanko-Vollmacht. Der Glaube dient nicht dazu, unbekannte Tatsachen aufzunehmen, sondern dazu, sich Jesus Christus hinzugeben, der sich für uns hingibt. Das Gewissen führt in eine persönliche Begegnung, in der Jesus Christus als göttliche Person mit all ihrer Vollmacht angenommen wird. Der Gegensatz: Glaube oder Gewissen, hat sich aufgelöst, die Gemeinschaft mit Christus zeigt sich als lebensgestaltende Kraft. Die letzten Worte Marias gelten nun für alle, die sich ihrem Glauben anschliessen: «Was er euch sagt, das tut!» (Joh 2,5).

Durch diese Erziehung der Apostel zur Annahme von Glaubensurteilen erklärt Christus die durch Erziehung und Erfahrung gewonnenen Werturteile keineswegs als wertlos. Christus knüpft an diese an und erhöht sie, er wertet sie auf und betrachtet sie als Stufen hin zu einer persönlichen Begegnung mit ihm.

Auch heute müssen immer wieder Werturteile, die wir aus unserer Erfahrung gewonnen haben, im Glauben an Christus gereinigt und erhöht werden. Das ist sowohl in den alten christlichen Ländern der Fall wie auch dann, wenn Glaubensboten neuen Völkern begegnen. Oft wirft man dann Missionaren vor, sie würden alte Kulturen zerstören. Ohne bestreiten zu wollen, dass bei der Ausführung des Missionsauftrages Unklugheiten und Fehler gemacht wurden, besonders wenn jemand sich irgendeiner sogenannten christlichen Nation verpflichtet wusste, aber auch bewusst, dass man auch kleine Fehler mit Wonne aufbauscht, müssen wir sagen: Die Überhöhung der Kulturen durch Glaubensurteile bleibt immer eine Notwendigkeit und eine Wohltat. Der Satz «Lasst diese Völker in Ruhe, sie haben ja auch ihren Glauben» gilt deshalb nicht, weil deren Glauben, das wohl ein Suchen nach Gott und soweit etwas Gutes ist, noch nicht bewusst und frei in der Hingabe Christi aufgehoben ist und deshalb nicht die Kraft hat, die Menschenwürde und das Menschenleben richtig zu gestalten. Denken wir etwa an das Kastensystem und die Millionen Kastenlosen im Hinduismus. Zudem müssen wir auch bedenken: Alle Menschen haben das Recht, die Botschaft Christi zu vernehmen und Stellung dazu zu nehmen, denn er ist das Leben für alle. Alle Menschen haben das Recht, Christus zu hören. Es ist deshalb eine Pflicht der Gerechtigkeit gegenüber Christus und den Mitmenschen, ein Dienst am Leben, das Evangelium zu verkünden und allen, die glauben, die Macht der Auferstehung mitzuteilen, so dass auch ihre Kulturen in Christus überhöht werden.

Die Sakramente

Jenem, der an ihn glaubt, schenkt Christus mittels der Kirche die Taufe. Durch die Taufe gibt Christus dem Täufling die Zusicherung, dass er seinen Glauben annimmt und ihn in die Gemeinschaft der Glaubenden, in die Kirche, aufnimmt, dass er ihm Anteil an seiner Macht der Auferstehung schenkt, ihn von der Ordnung der Tauschgerechtigkeit befreit und ihm die Gerechtigkeit Gottes schenkt. Diese Zusicherung stammt aus einem Ratschluss Gottes und ist deshalb ein Rechtsakt. Die Taufe ist allerdings nicht ein Rechtsakt im Sinne der Tauschgerechtigkeit, dank dem man einen Anspruch auf irgendeine Habe erwerben würde. Sie gibt die Befähigung, sich Gott hinzugeben und so dem Willen Gottes zu entsprechen. Die Sünde verliert für den Getauften ihr tödliches Gift und öffnet das Leben zu Gott hin. Ein neues Wachstum kann einsetzen, das Leben des Getauften tritt in die letzte Stufe der Evolution, in die nachösterliche Phase des Lebens.
Die Taufe ist für den Aufstieg des Lebens in dieser Welt von entscheidender Bedeutung. Sie befreit den Menschen aus der Sackgasse der Tauschgerechtigkeit und gibt ihm Anteil an der Macht der Auferstehung Jesu Christi. Dadurch macht sie den Weg zur Vollendung des Lebens hin frei.

Der Taufe folgen sechs andere Sakramente. Es sind das die Firmung, das Busssakrament, die Eucharistie, die Krankensalbung, die Ehe und die Priesterweihe. Diese alle sind Rechtsakte, die unser Leben zusammen mit dem Leben der Gemeinschaft der Gläubigen mehr und mehr mit dem Leben Gottes verbinden. Der Rechtsakt – im Sinne der Auswirkung der Gerechtigkeit Gottes – ist jeweils wie eine Schale, die die lebensspendende Liebe Gottes enthält und uns kundtut. Soweit die Sakramente Rechtsakte sind, können sie sogar mit Aussagen der Rechtswissenschaft erfasst werden. Weil sie Rechtsakte sind, haben sie ihren Ort im Raum des menschlichen, rechtlichen Zusammenlebens, sie greifen in die Geschichte ein und sind Schritte der Lebensbewegung.
Wir finden jetzt im Aufstieg des Lebens zwei Abschnitte, die eine Einheit bilden, die man zusammen betrachten muss, wenn man Aussagen über den Sinn und das Ziel des Lebens machen will. Es geht da um das eine und dasselbe Leben. Zuerst kommt der Versuch, die dank der Entropie drohende Auflösung zu überwinden. Das wäre auf der Stufe des Menschseins gelungen, wenn der Mensch nicht versagt hätte und dank diesem Versagen der Tod eingetreten wäre. Christus verwandelt nun den Tod in einen Liebeserweis und fügt die Macht der Auferstehung in das Leben ein. Durch die Sakramente teilt er diese Macht jenen mit, die ihm Glauben schenken, und ermöglicht damit die Vollendung des Lebens. Der erste Abschnitt wird oft natürliches Leben, der zweite Abschnitt übernatürliches Leben genannt. Besser wäre es, sie vorösterliches und nachösterliches Leben zu nennen, denn das Osterereignis verbindet die beiden Abschnitte zu einer Einheit. Diese zwei Stufen des Lebens darf man nicht trennen, sie bilden eine Einheit und gehören zusammen. Das nachöster-

liche Leben gibt dem vorösterlichen ein Ziel, Bestand und Sinn. Das vorösterliche Leben seinerseits dient als Ort und Darstellung, als Leib des nachösterlichen Lebens. Das eine kann ohne das andere nicht sein. Das nachösterliche Leben ist ja ein Leben in der Liebe, und Liebe kann nicht sein ohne Taten in der Welt. Lieblose Taten ihrerseits zählen nicht. Das nachösterliche Leben zeigt sich dadurch, dass man Hungernde speist und Durstigen zu trinken gibt.

DIE AUFERSTEHUNG DER EINHEIT

Den innersten Kern des Lebens des Menschen bildet sein Herz, das fähig ist, sich Gott hinzugeben und sich von Gott anzunehmen und sich auch den Mitmenschen hinzugeben und auf diese Weise in die Einheit von Personen einzutreten. Die Sünde aber hat diesen Kern tödlich verwundet. Der Kern des Menschenlebens verfault. Der Mensch braucht ein neues Herz, eine neue Mitte. Dieses neue Herz erhält er in der Eucharistie, die Christus uns schenkt.
Am Abend vor seinem Leiden nahm Jesus Brot, dankte Gott und sprach: «Nehmet und esset alle davon, das ist mein Leib, der für euch hingegeben wird.» Dann nahm er auch den Kelch mit Wein und gab ihn seinen Jüngern und sprach: «Trinkt alle daraus, das ist mein Blut, das Blut des Bundes.» Die Apostel assen und tranken in diesen Gestalten den Leib und das Blut Jesu Christi. So nahmen sie sein Leben in sich auf. Sie erhielten den Auftrag, dieses Mahl von nun an als ein Bestandteil des menschlichen Lebens überall zu halten.
In diesem Mahl findet ein gegenseitiges Geben und Nehmen, ein gegenseitiges Hingeben und Annehmen statt, durch das das Leben Gottes in die Welt

fliesst und das Leben der Welt in das Leben Gottes einmündet. Da wird nun die Einheit der Menschen mit Gott wieder voll hergestellt.
Christus nimmt den Willen des Vaters an, der uns vom Tod befreien will.
Christus nimmt die Apostel in seine Hingabe an den Vater auf.
Christus nimmt die Erde an. Er nimmt die Früchte der Erde und der menschlichen Arbeit als Gestalt seines Leibes und seines Blutes an.
Christus gibt sich in dieser Gestalt den Aposteln und allen Menschen, die ihm Glauben schenken. Er weitet auf diese Art seine Hingabe an den Vater aus, die er am Kreuz und bei der Auferstehung vollzog.
Der Vater nimmt die Menschen an und gibt uns seinen Sohn und in ihm sich selbst. Er nimmt uns als seine Kinder an.

Der Heilige Geist schenkt uns seine Gegenwart und damit Geborgenheit in Gott.
Die Apostel nehmen Christus als die Mitte ihres Leben an. Er, der eine, wird so zum Leben aller. Und da Christus das Leben aller ist, bilden alle zusammen einen einzigen Leib, den Leib Christi, der die Kirche ist.
Die Apostel nehmen sich gegenseitig an: Als Glieder des einen Leibes Christi bilden sie eine Einheit.
Da die Erde ihre Früchte gibt, wird das ganze Leben der Welt in das Leben Gottes aufgenommen.
Durch die Eucharistie fügt Christus sein Geben und Nehmen, den Grundvollzug seines Lebens, in unser Leben ein. Er bildet nun die Mitte unseres Lebens. Sein Herz wird das Herz unseres Herzens.
Unser eigenes Geben und Nehmen besteht in unserem Glauben an ihn, durch den wir uns auf ihn einlassen und ihn als den Kern unseres Lebens annehmen (vgl. Röm 5,18).

Die Einheit, die die Eucharistie bewirkt, ist so vollkommen, dass Paulus schreibt: «Christus ist mein Leben» (Phil 1,21) und auch: «Ich lebe, doch nicht ich, sondern Christus lebt in mir» (Gal 2,20). Christus wird so sehr der Kern unseres Lebens, dass er selbst sagt: «Warum verfolgst du mich?», wenn Menschen, die an ihn glauben, verfolgt werden (Apg 9,4).
Johannes Paul II. schreibt in seinem Schreiben über die Laien: «Ihr müsst Christus werden.»
Der Heilige Geist vereint alle, die die Hingabe Jesu Christi als den Kern ihres Lebens angenommen haben, zu diesem Leib Christi. Wie viele Körner ein Brot und viele Beeren einen Wein ergeben, so bilden alle, die den Leib Christi empfangen, einen Leib, so dass Paulus schreiben konnte: «Ihr seid alle einer in Christus» (Gal 3,28). Da findet die Vergemeinschaftung und Einheit der Menschen ihre Vollendung.
Die Menschheit soll nun zum Leib Christi werden. Als Leib Christi hat die Menschheit die Macht der Auferstehung und wird für ewig in der Liebe Gottes existieren. Der Leib Christi, der die Kirche ist, ist die Vollendung des Aufstieges des Lebens.
In der eucharistischen Hingabe findet das Sehnen aller Völker, die Gott Opfer darbrachten und damit Geborgenheit für ihr Leben suchten, seine Erfüllung, auch wenn sie in der Ausführung ihrer Opfer oft ganz falsche Wege beschritten. Hier ist nun das Opfer, in dem das Streben nach einer Einheit des Lebens, das die Triebfeder der Evolution bildete, seinen Abschluss findet. Das Leben erreicht sein Ziel. Es wird eine Verherrlichung Gottes. Es ist das geworden, was das Leben vom Anfang an erstrebte. Der neue Name der Menschheit ist jetzt Christus.
Christus gab den Auftrag, dieses Mahl, das eucharistische Mahl, allen Menschen an allen Orten zu allen Zeiten zugänglich zu machen. Er schuf dafür sein

Priestertum. Er gab den Aposteln die Vollmacht, in seinem Auftrag und als seine Repräsentanten dieses Mahl mit den Gläubigen zu halten. Diese Vollmacht mussten sie weitergeben. Überall stehen nun Priester im Dienst des Lebens, und so können alle, die Christus Glauben schenken, durch die Eucharistie in das Leben Gottes eintreten.
Das eucharistische Mahl ist aber nur jenen Menschen zugänglich, die Christus Glauben schenken, die sich auf sein Wort verlassen. Dieses Mahl wird deshalb mit Recht Geheimnis des Glaubens genannt. Wie eine Symphonie nur für den, der ein Musikgehör hat, geisterfüllte Musik ist und anderen nichts bedeutet, so ist dieses Brot und dieser Wein nur für die Gläubigen als Leib und Blut Christi erfahrbar. Wie jedoch eine Symphonie unabhängig davon, ob jemand sie hört, Musik ist, so ist dieses Brot und dieser Wein Leib und Blut Jesu Christi, auch wenn Christus keinen Glauben findet. Wie ein Ruf aus einer Kehle nicht nur ein Ton ist, sondern ein Wort und als Wort existiert, so existiert dieses Brot und dieser Wein als Leib und als Blut Jesu Christi, der sich hingibt.

Die Kirche heiligt die Welt

Man könnte erwarten, dass jene, die an der Eucharistiefeier teilnehmen, unmittelbar in die Herrlichkeit des Reiches Gottes, in das vollendete Leben eintreten könnten. Doch das ist noch nicht der Fall. Zuerst kommt die Zeit der Kirche.
Die Gemeinschaft derjenigen, die durch das eucharistische Mahl als Leib Christi eins werden, erhält zuerst die Sendung, die ganze Welt mit Christus in Beziehung zu bringen. Wie Salz eine Speise würzt, so sollen die Gläubigen die Erde würzen, oder wie Hefe

einen Teig zum Reifen bringt, so sollen sie die ganze Welt zur Reifung bringen, damit alles Wertvolle, das die Welt und die Menschen erarbeitet haben, wie eine Ernte in das Reich Gottes heimgebracht werden kann.
Am Tage seiner Himmelfahrt sandte Jesus Christus seine Apostel in die Welt hinaus mit dem Auftrag, sein Reich allen anzukünden und alle einzuladen, die Taufe zu empfangen und damit in sein Reich einzutreten. Am Pfingstfest, zehn Tage später, empfingen die Apostel den Heiligen Geist, der ihnen die Kraft gab, den Auftrag Christi auszuführen.
Das Zweite Vatikanische Konzil beschreibt diesen Auftrag so: «Die Kirche soll zur Ehre Gottes des Vaters die Herrschaft Christi über die ganze Erde ausbreiten und so alle Menschen der heilbringenden Erlösung teilhaftig machen, und durch diese Menschen soll die ganze Welt in Wahrheit auf Christus hingeordnet werden» (Laienapostolat 2). In der Konstitution über die Kirche sagt das Konzil (Nr. 36): «Der Herr will ja sein Reich ausbreiten, das Reich der Wahrheit und des Lebens, das Reich der Heiligkeit und der Gnade, das Reich der Gerechtigkeit, der Liebe und des Friedens. In diesem Reich wird auch die Schöpfung von der Knechtschaft der Vergänglichkeit befreit werden zur Freiheit der Herrlichkeit der Kinder Gottes.» Die Gerechtigkeit Gottes soll das Leben aller Menschen, ja der ganzen Schöpfung, bestimmen und vollenden.
Die Menschheit soll zum Leib Jesu Christi werden. Als solcher lebt sie dann für ewig. Was dann immer mit der Erde geschieht, der Leib Christi bleibt. Menschen, die sich weigern, in den Leib Christi aufgenommen zu werden, werden in ein blosses Dasein zurückfallen, in ein unfruchtbares Verlangen nach Leben, das die Bibel Hölle nennt.

Die Kirche ist nicht eine Gesellschaft, die auf Grund von Statuten und Gesetzen zusammenkommt. Sie ist der Leib Jesu Christi, dem der Heilige Geist Wachstum und Leben gibt. Paulus schreibt: «Durch den einen Geist wurden wir in der Taufe alle in einen einzigen Leib aufgenommen» (1 Kor 12,13). Dennoch gab Christus der Kirche die Grundlagen für eine Gesellschaft mit einer rechtlichen und hierarchischen Verfassung. Christus hat die wesentlichen Strukturelemente der Institution Kirche selbst bestimmt: die Vollmacht, in seinem Namen zu verzeihen, seine Lehre weiterzugeben, sein Opfer überall gegenwärtig zu setzen. Träger dieser Vollmachten ist das Petrusamt, die Bischöfe und der Papst. Die von Christus gegebenen Strukturelemente sind von solcher Art, dass sie bei voller Wahrung ihrer Intaktheit vielen geschichtlichen und kulturellen Wandlungen und Verschiedenheiten der Völker entsprechen können. Als solche steht die Kirche inmitten anderer Gesellschaften, die von unten her als Lebensäusserungen der Menschen gewachsen sind. Sie wird Partner für den Staat sowie für wirtschaftliche und kulturelle Gesellschaften. Sie nimmt teil an ihrem Leben und reift mit ihnen. Es gibt ein Kirchenrecht. Die Kirche wird eine für die Rechtswissenschaften greifbare Grösse. Sie beeinflusst die Welt und wird beeinflusst. Ein Kirchenrecht? Das ist für viele ein Ärgernis, da sie denken, ein Recht sei ein Abfall von der Liebe, denn in der Ordnung der Tauschgerechtigkeit erfahren wir das Recht immer wieder als Machtmittel, das ermöglicht, andere zu beherrschen.

In der Kirche aber soll das Recht eine andere Aufgabe erfüllen. Es soll nicht das Herrschen ermöglichen, sondern das Dienen. Die Kirche muss sich in den Dienst Jesu Christi stellen, der in den Gläubigen lebt. Sie muss seine Lehre unverkürzt und unversehrt

bewahren und weitergeben und die richtige und gültige Spendung der Sakramente garantieren. Sie muss sich in den Dienst der leidenden und armen Menschen, in denen Christus lebt, stellen, um ihnen ein menschenwürdiges Leben zu vermitteln.
All das erfordert rechtliche Regelungen. Das Recht der Kirche ist die konkrete Darstellung jener Liebe, die die Rechte der anderen anerkennt. Liebe bringt ja keinen rechtlosen Zustand hervor. Im Gegenteil: Liebe besteht gerade darin, dem anderen zu seinen Rechten zu verhelfen. Das liegt in der Natur der Liebe. In der Phase der Tauschgerechtigkeit, in der die Liebe nur noch unter der Asche glimmte, war dieser Tatbestand verdunkelt. Dort wirkte das Recht oft als Repression der Würde der Personen. Die Kirche muss nun rechtliche Zustände schaffen, in der die Würde jedes Einzelnen zur Geltung kommt. So ist die Kirche als Rechtsinstitution kein Abfall von der Liebe, sondern ihre Darstellung, wie etwa ein Leib kein Abfall von der Seele ist, sondern die Darstellung ihres Lebens. (Da bestehendes Recht auch in der Kirche missbraucht werden kann, kann man dessen Existenz vielleicht als das grösste Wagnis Gottes mit den Menschen nennen. Dass in der konkreten Geschichte der Kirche das Recht falsch eingesetzt werden kann, hat schon Christus selbst vorausgesehen und gab deshalb die Weisung, dass der Erste der Diener aller werden soll.)

Das Verzeihen

Wer an der Eucharistie teilnehmen will, muss bereit sein, wie Christus alle Menschen anzunehmen und deshalb seinen Schuldigern zu verzeihen. Christus erklärt das Verzeihen zur Vorbedingung schlechthin für die Teilnahme an der Eucharistie.

Wir Menschen sind alle Sünder und damit gegenüber Gott und auch gegenseitig in Schuld. Jeder Mensch verwendet einen grossen Teil seines Denkens und Planens dafür, seine Schuld zu bewältigen. Jeder weiss, er hat Mitmenschen beleidigt und ihnen Schaden zugefügt, und er sollte vieles gutmachen. Da ist die Versuchung gross, die Würde der Mitmenschen nur mit lauem Herzen anzuerkennen, denn wenn ihre Würde nichts gilt, gilt auch die Schuld ihm gegenüber nichts. Dann aber entsteht kein wahres Du-Verhältnis zum anderen hin. Im Extremfall wiegelt man sich sogar in eine Ungewissheit über die tatsächliche Existenz des anderen hinein. Man verfällt der kantianischen Versuchung, sich in ein Planetarium zu setzen, in dem nicht mehr die Sterne selbst gesehen werden, sondern nur noch Projektionen davon, das heisst, nur noch die Ideen, die wir von anderen haben. Man bewundert die Tiefe seiner eigenen Gedanken oder die Logik einer Philosophie und vergisst die Würde des Mitmenschen und hantiert mit ihnen wie mit Ideen, die ins System passen müssen oder dann verworfen werden. Man schreitet nicht mit einer aus dem Herzen kommenden Anerkennung des anderen aus dem Planetarium hinaus und erfreut sich über die traumhafte Schönheit des Innenraums seines Bunkers. Solche Ideologen wollen sich bewundern lassen. Es bildet sich der Pharisäer, der schlafende Selbstgerechte, der Typ des Menschen, der andere nicht anerkennt und nicht in der Wirklichkeit lebt. Diesen Typ finden wir in vielen Variationen: oft als Überbleibsel eines übersteigerten pubertären Ichbewusstseins, als philosophische Überzeugung, als Kastengerechtigkeit oder als Starkult. Kriegspropaganda arbeitet direkt mit diesem Hang der Menschen, indem sie die Menschen in eine Ungewissheit über die Rechte und die Würde desjenigen führt, der Feind zu sein hat. Das ergibt zweidimensionale Menschen. Die dritte Dimension, die den Abstand schafft, welcher Anerkennung bringt und Liebe ermöglicht, verschläft man. Aus dieser Verschlafenheit muss die Kirche die Menschen wecken.

Dieses Wecken beginnt bei jedem bei sich selbst, indem jeder seine eigenen Sünden bekennt und bereut und von Gott Vergebung annimmt. Dann erfährt der Mensch, dass er von Gott anerkannt ist. Er weiss nun: da ich geliebt bin, bin ich. Er findet jetzt auch die Kraft, die Mitmenschen anzuerkennen. Er wird fähig, auch seinen Schuldnern zu verzeihen und mit ihnen in ein wirkliches Du-Verhältnis einzutreten, indem er den anderen liebend anerkennt.

Wenn Menschen einander verzeihen, greifen göttliche und menschliche Gerechtigkeit ineinander. Da gestaltet die göttliche Gerechtigkeit das Leben von Sündern. Wer verzeiht, verzichtet auf Forderungen der Tauschgerechtigkeit. Er verzichtet darauf, erlittenes Unrecht zu vergelten. Auch wenn eventuell auf die Wiedergutmachung eines Schadens nicht verzichtet werden kann, verzichtet man doch auf Rache und nimmt wieder persönliche Beziehungen auf. Der höchste Wert ist die Liebe und die Würde von Personen. Ihr opfert man andere Forderungen. Durch dieses Opfer wird der Mensch wach und erfüllt das Sehnen, das in der Tauschgerechtigkeit liegt, nämlich den Menschen vor Brutalität zu bewahren und ihm ein echtes Leben zu ermöglichen.

Das Gegenteil von Verzeihen sehen wir bei Lamech, von dem die Bibel berichtet: «Er sprach: Adda und Zilla, hört meine Rede. Ihr Frauen Lamechs, horcht auf meinen Spruch. Einen Mann erschlug ich für eine Wunde, einen Jüngling für meine Striemen. Wird Kain siebenmal gerächt, dann Lamech siebenundsiebzigmal» (Gen 4,23–24).

Eine solche entartete Tauschgerechtigkeit, eine solche antievangelische Haltung würde zur Vernichtung der Menschheit führen. Christus dagegen lehrt: «Wenn du deine Gabe an den Altar bringst und dich dort erinnerst, dass dein Bruder etwas gegen dich hat, dann lass deine Gabe dort vor dem Altar und geh erst hin und versöhne dich mit deinem Bruder, dann komm und bringe deine Gaben dar» (Mt 5,23–24). Er lehrt uns beten: «Vergib uns unsere Schuld, wie auch wir vergeben unseren Schuldnern» (Mt 6,12). Im Gegensatz zu Lamech sagt er: «Wer dich auf die rechte Wange schlägt, dem halte auch die andere hin» (Mt 5,39), und zu Petrus sagt er, er müsse nicht siebenmal, sondern siebenundsiebzigmal verzeihen (Mt 18,21–22).

Auch das Verzeihen muss im Zusammenhang der Evolution des Lebens gesehen werden, denn ohne gegenseitiges Vergeben kommt das Leben nicht ans Ziel. Auch das Verzeihen ist ein Schritt der Lebensbewegung. Da wird sichtbar, dass die Kirche im Dienst des Lebens steht und dass sie dem Leben einen unverzichtbaren Dienst erweist. (Und weil die Kirche verzeihen kann, ist es gar nicht entscheidend, ob die Menschen der Kirche Fehler haben oder nicht. Entscheidend ist, dass man einander verzeiht.)

Die Gemeinschaft, die sich aus dem Verzeihen bildet, wird nun manche andere Lebensäusserungen aufweisen: Frieden, Gerechtigkeit, Liebe, das Lob Gottes und das Danken.

Für die Hingabe an Gott, die nun stattfinden kann, für den endgültig letzten Schritt des Lebens, bildet die Kirche sozusagen eine Komposition, die erst durch das Spiel der Musiker ihre wahre Gestalt erhält. Die Kirche feiert das eucharistische Mahl, das aber von jedem noch mitvollzogen werden muss. Die massgebende Darstellung der Kirche sind deshalb die Heiligen, die die Impulse, die die Kirche ihnen gab, in ihr Leben übersetzt und die Vollendung des Lebens erreicht haben. Für die Heiligen wird die Liebe die Existenz ihres Lebens, das die Existenz ihres Daseins ist. Als Lebende sind sie mit Christus verbunden, sie bilden zusammen seinen Leib, und als Liebende sind sie im Heiligen Geist eins mit Gott. So konnte Isaak von Stella schreiben: «Wie der Leib und das Haupt eines Menschen der eine Mensch sind, so sind der Sohn der Jungfrau und seine erwählten Glieder der eine Mensch und der eine Menschensohn. So ist es die Lehre der Heiligen Schrift: Sie sind der ganze und volle Christus, Haupt und Leib. Alle Glieder zugleich sind der eine Leib, der mit seinem Haupt der eine Menschensohn ist. Dieser ist mit dem Sohn Gottes zusammen der eine Gottessohn, und dieser zusammen mit Gott der eine Gott. So ist also auch der ganze Leib mit dem Haupt Menschensohn und Gottessohn und Gott. ... Daher ist alles mit Gott der eine Gott. Doch ist der Sohn Gottes mit Gott wesenhaft eins, mit dem Menschensohn der Person nach und sakramental mit seinem mystischen Leib.»

FOLGEN

Wir haben diese Überlegungen über das Leben aus Sorge um die Jugend gemacht, die in zu vielen Fällen in Schulen erzogen wird, in denen den Wissenschaften ein Monopol für die Erklärung des Lebens eingeräumt wird und die Bedeutung Jesu Christi im Aufstieg des Lebens in keiner Weise erwähnt wird. Schulunterricht aber, der nur Wissen vermittelt, ist eine gefährliche Angelegenheit. Das Wissen um den Ablauf der Lebensbewegung darf nicht nur eine Treppenstufe zu weiterem Wissen bilden, noch

weniger nur eine Fähigkeit, Geld zu verdienen, es muss immer auch zum Anerkennen und Glauben führen, es muss eine Antwort auf die Frage: «Woher kommen wir, wohin gehen wir?» geben.
Das Wort «sein», das wir in jedem Satz einsetzen, zeigt, dass wir alles Erkannte auch anerkennen müssen. Jedes Wissen muss ein Element der Anerkennung anderer werden. Es muss uns zur Liebe führen, sonst wird das Wissen jedem Missbrauch ausgeliefert. Diese Bewandtnis kommt mit der Vermehrung des Wissens immer klarer zutage. Wir schaffen entweder die Hölle oder den Himmel, eine blosse Erde gibt es nicht. Die grosse Schlagseite unserer Zeit besteht darin, dass man die Welt vom Himmel und von der Hölle herausisoliert hat und sich für ihre weiten Dimensionen ins Unendliche blind stellt. Damit tut man der Jugend grösstes Unrecht an. Die Jugend hat ein Recht, das Leben in all seinen Dimensionen kennenzulernen und nicht in der Kälte einer ausschliesslich von den Gesetzen der Mathematik beherrschten Welt gefangengehalten zu werden, um so jede echte Freude am Leben zu verlieren. Wenn wir der Jugend echte Freude am Leben und Hoffnung vermitteln wollen, muss ihr auch die Notwendigkeit des Anerkennens gezeigt werden und auch, dass dies nur im Glauben an Jesus Christus möglich ist.
Wir müssen allen Jugendlichen die Ansprüche Jesu Christi bekannt machen. Das gehört einfach zu einem ehrlichen Geschichtsunterricht. Christus hat alle Menschen zur Fülle des Lebens gerufen. Wenn man ihn verschweigt, unterschlägt man Fakten der Geschichte, verschliesst man das Verständnis für grossartigste kulturelle Leistungen der Menschheit, verheimlicht man die Quelle der Nächstenliebe unzähliger Menschen. Man betrügt die Schüler. Dieser Betrug wird in vielen Schulen begangen. Es ist oft

erstaunlich zu sehen, wie man sich direkt bemüht, Christus zu verschweigen.
Jeder Schüler hat das Recht, Christus zu begegnen. Das ist ein fundamentales Menschenrecht.
Wir arbeiten, ob wir wollen oder nicht, für oder gegen die Ansprüche Christi, der sagt, er bringe das Reich Gottes. Dieses Reich ist er selbst, der in seinen Urteilen all jene in seine Welt aufnimmt, die ihm Glauben schenken. Wenn wir unser Leben vollenden wollen, muss unser Denken und Wollen in sein Denken und Wollen einfliessen, denn er ist das Leben. Er ist die Auferstehung von den Toten. Er ist nicht eine Randfigur in der Weltgeschichte oder jemand, der neben anderen auch seinen Beitrag gebracht hat. Sein «Sein» ist massgebend für alle und gibt allen bleibende Geborgenheit. Nicht was wir selbst denken, entscheidet über den Wert unseres Lebens, sondern das, was Christus über uns denkt. Er offenbart sein Denken mit dem Wort: «Kommt zu mir», das sich an alle Menschen richtet. Er ruft alle dazu auf, ihm zu begegnen, damit alle leben. Diese seine Einladung berechtigt alle, ihn als ihr Leben anzunehmen.
Aber dürfen wir verlangen, dass man das alles in der Schule lehre? Es gibt Eltern, die nicht wollen, dass man ihren Kindern von Christus spricht. Anhänger anderer Religionen begreifen noch nicht, dass Christus die Antwort Gottes auf das Suchen ihrer Religionen ist. Sie sehen im Gegenteil in Christus eine Bedrohung ihrer Religion und Kultur. Sie alle berufen sich auf ihre Gewissensfreiheit, die nicht angetastet werden dürfe, und verlangen deshalb eine sogenannte neutrale Schule. So besteht ein Konflikt zwischen der Gewissenspflicht, Christus als die Quelle und das Ziel des Lebens bekanntzumachen, und der Pflicht, Gewissensentscheidungen der Mitmenschen zu achten.

Wo ist die Lösung? Wieweit darf man den Schülern Christus als unser Leben vorstellen, ohne dass man die Rechte und die Würde des Gewissens anderer verletzt? Was tut da der kluge Verwalter der Wahrheit?

Auf jeden Fall muss die Kunst des Anerkennens eingeübt werden, nicht nur das Denken.

Das Anerkennen ist eine Angelegenheit des Willens und des Herzens. Wille und Herz aber werden durch Rücksichtnahme auf andere und durch Selbstbeherrschung gebildet. Das verlangt Disziplin. Dieser Bildungsbeitrag darf nicht einfach dem Zufall überlassen werden, er muss bewusst gepflegt werden. Nicht im Sinn eines militärischen Drills, der oft bloss eine kopflose und entwürdigende Abrichtung ist, sondern im Sinn einer Einübung in die Selbstbeherrschung.

Ein Verlangen nach Disziplin, das ist Einübung von Tugenden, lebt in allen Jugendlichen. Oft aber wird die Disziplin einem Wildwuchs überlassen und/oder anderseits als Mittel zur Manipulation der Jugend eingesetzt. Es ist erschreckend, mit welcher Raffiniertheit auch heute die Jugend, gerade in ihrem Verlangen nach einer Disziplin, manipuliert wird, wie mit ihrer Hilfe Massenpsychosen hergestellt werden und Disziplin als Werkzeug der Gehirnwäsche eingesetzt wird. So ist die Disziplin in Verruf geraten.

Wenn eine Disziplin nicht auf die Ermöglichung der Liebe ausgerichtet ist, verliert sie ihre Seele und wird immer wieder ein menschenverachtender Drill. Da bestätigt sich die alte Wahrheit: Eine Erziehung ohne Religion verdirbt den Menschen.

Der Einstieg in das Glauben selbst ist dann eine Sache der persönlicher Freiheit. Echte Erziehung führt bis zur Schwelle des Glaubens, in diesen Raum eintreten muss aber jeder selbst.

Vorausgesetzt nun, ein Unterricht würde in optimaler Weise zeigen, wie Wissenschaft und Glaube, Erkennen und Anerkennen aufeinander verwiesen sind, wie sie sich gegenseitig ergänzen und fordern, und eine echte Disziplin würde gepflegt und die Erzieher würden ein echtes Beispiel des Glaubens geben, wäre dann für den Schüler der Weg zum Glauben und damit zur Vollendung des Lebens einfachhin geebnet? Noch ist eine letzte Hürde zu überwinden. Die menschliche Gesellschaft ist nämlich nach dem Sündenfall von solcher Art, dass sie immer wieder die Entfaltung der Einzelnen verhindert. Eltern müssen sich für ihre Kinder aufopfern, Kranke müssen gepflegt werden, Arbeiter müssen oft mehr schuften als arbeiten, der Soldat muss sein Leben für seine Heimat einsetzen, viele finden keine Arbeit, viele sind Opfer eines Kastensystems. Jeder erfährt in irgendeiner Weise, wie die Struktur der menschlichen Gesellschaft seine eigene Selbstentfaltung verunmöglicht und ihm Leiden bereitet. Dieser Zustand der menschlichen Gesellschaft führt manche dazu, nicht glauben zu wollen und Gemeinschaft abzulehnen. Wie viele träumen davon, allein auf einer Insel wohnen zu können, denn Gemeinschaft wird als ein Verlust betrachtet. Das kann zu einem herzlosen Individualismus führen.

Erschwerend dazu kommt die Erfahrung, dass wir Menschen einander oft aus Selbstsucht betrügen. So baut sich in uns ein tiefes Misstrauen auf, das jedes Glauben erschwert.

Der Konflikt zwischen dem Willen, seine Talente zu entfalten, und den Ansprüchen des Gemeinschaftslebens, den wir alle passiv und aktiv erfahren, bildet eine gelebte und erlebte Spannung zwischen Wissen und Glauben in unserer konkreten Welt, zwischen einem verwahrlosten Wissen und der Hoffnung des

Glaubens. Er gestaltet den Lebensweg zu einem Leidensweg. Wer Gemeinschaft will, muss wohl oder übel Leiden annehmen. Jede Erziehung muss auch auf dieses Leiden aufmerksam machen, sonst gaukelt man Zukunftsbilder vor, die, weil unerreichbar, zu Enttäuschungen und Erbitterung führen. Man soll sicher nicht das Schlimmste in Aussicht stellen, aber verschweigen darf man diese Situationen nicht. Es ist doch bedrückend zu sehen, dass viel zu viele alte Menschen als Frucht ihres Lebens verbittert sind. Natürlich fallen alle jene Leiden, die aus Krankheiten und Individualität entstehen, noch mehr ins Gewicht.

Der Lebensweg als Leidensweg kann nicht in einem eleganten sportlichen Geist gegangen werden. Da meldet sich das Kreuz an. Das wirkliche, konkrete Leben des Menschen ist ein Kreuzweg. Jede Lehre des Lebens, die davon absieht, dass es ein Kreuzweg ist, ist eine utopische Ideologie. Zu viele Menschen verbittern mit den Jahren, weil sie vom Leben enttäuscht werden. Enttäuscht ist aber der, der in illusionären Ideologien lebte.

Der einzige, der uns lehren kann, ein Kreuz zu tragen, ist Jesus Christus, der am Kreuz gestorben und wieder auferstanden ist. Mit ihm zusammen wird jeder Verlust an Leben ein Gewinn, weil jeder Verlust eine Gabe der Liebe wird. Als Kreuzweg wird das Leben in seiner konkreten Form als Leidensweg kostbar, weil damit der Überstieg in die Existenzform der Liebe vollzogen wird. Die materiellen und geistigen Reichtümer, auf die wir aus Liebe verzichten, machen uns reicher als die Reichtümer, die wir haben. Jede Lebenserfahrung, und sei sie noch so leidvoll, kann eine Opfergabe werden. Wenn es eine Opfergabe ist, wird es nicht vernichtet, denn es existiert als Gabe der Liebe. In Christus wird das Verlieren zum Hingeben. Wer sein Leiden im Glauben an Christus erträgt, versteht die Worte des heiligen Paulus: «Wenn auch mein Leben dargebracht wird zusammen mit dem Opfer und dem Gottesdienst eures Glaubens, freue ich mich dennoch, und ich freue mich mit euch allen. Ebenso sollt auch ihr euch freuen; freut euch mit mir» (Phil 2,17–18).

Es ist sicher notwendig, die Spannung zwischen Wissen und Glauben denkerisch zu klären. Das aber wirkt oft wie die Darstellung einer heilen Welt. In unserer unheilen Welt ist es wichtiger, sich selber als Opfergabe zu verstehen, denn allein in der Hingabe an Christus findet ein Leidender Ruhe. Allen, die leiden, kann Christus sagen und sagt er: «Kommt alle zu mir, die ihr euch plagt und schwere Lasten zu tragen habt, ich werde euch Ruhe verschaffen» (Mt 11,28). Christus kann nicht nur, er will auch unser Leben, das ein Kreuzweg ist, vollenden.

Wenn unser Leben im Glauben mit seinem Willen übereinstimmt, treten wir in den Raum der Liebe ein. Da ist Gott kein ferner Regisseur mehr. Wir erfahren ihn als unseren Vater, der uns als seine Kinder annimmt. Das Leben ist nicht mehr ein Kampf ums Dasein, es wird eine Erfahrung der Liebe Gottes. Wenn wir das Leben annehmen, nehmen wir die Liebe Gottes an. Wir wissen in unseren Herzen, woher wir kommen und wohin wir gehen.